Y.
5649.
+A.

3489

TITE
ET
BERENICE.
COMEDIE HEROIQUE.

Par P. CORNEILLE.

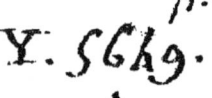

A PARIS,

Chez LOÜIS BILLAINE, au Palais, au second pillier de la grand'Salle, à la Palme, & au grand Cesar.

M. DC. LXXI.

AVEC PRIVILEGE DU ROY.

XIPHILINUS
EX DIONE
IN VESPASIANO.

Guillelmo Blanco Interprete.

VESPASIANVS *à Senatu absens Imperator creatur, Titusque & Domitianus Cesares designantur.*

Domitianus animum ad amorem Domitiæ filiæ Corbulonis applicaverat, eamque à Lucio Lamio Æmiliano viro ejus abductam secum habebat in numero amicarum, eamdemque postea uxorem duxit.

Per id tempus Berenice maximé florebat, ob eamque causam cum Agrippa fratre Romam venit. Is Prétoriis honoribus auctus est, ipsa habitavit in Palatio, cœpitque cum Tito coire: Spes erat eam Tito nuptum iri, jam enim omnia, ut si esset uxor, gerebat. Sed Titus cum intelligeret populum Romanum id molesté ferre, eam repudiavit, præsertim quòd de iis rebus magni rumores perferrentur.

IN TITO.

Titus, ex quo tempore principatum solus obtinuit, nec cædes fecit, nec amoribus inservivit, sed comis quamvis insidiis peteretur, & continens, Berenice licet in urbem reversa, fuit.

Titus moriens se unius tantum rei pœnitére dixit, id autem quid esset non aperuit, nec quisquam certo novit, aliud aliis conjicientibus. Constans fama fuit, ut nonnulli tradunt, quod Domitiam uxorem fratris habuisset: alii putant quibus ego assentior, quod Domitianum à quo certò sciebat sibi insidias parari, non interfecisset, sed id ab eo pati maluisset, & quod traderet Imperium Romanum tali viro.

PRIVILEGE DU ROY.

LOUIS par la grace de Dieu Roy de France & de Navarre : A nos amez & feaux Conseillers, les Gens tenans nos Cours de Parlement, Maistres des Requestes ordinaires de nostre Hostel, Baillifs, Seneschaux, Prevosts, leurs Lieutenans, & autres nos Officiers & Justiciers qu'il appartiendra ; SALUT. Nostre bien amé PIERRE CORNEILLE, nous a fait remonstrer qu'il auroit composé une Comedie heroïque, intitulée *Tite & Bérénice*, & une Traduction en Vers François *de la Thébaide de Stace*, qu'il désireroit faire imprimer ; ce qu'il ne peut faire si nous ne luy accordons nos Lettres à ce necessaires, humblement requerant icelles. A CES CAUSES, Nous avons permis & permettons par ces presentes à l'Exposant, de faire imprimer lesdites Comedie & Traduction, en tels volumes, marges & caracteres qu'il avisera bon estre, & par tel Imprimeur reservé, & Libraire que bon luy semblera : Iceux vendre & debiter par tout nostre Royaume, Païs & Terres de nostre obeïssance, pendant le temps de neuf ans, à commencer du jour que ladite impression sera parachevée : Durant lequel temps, Nous faisons tres-expresses inhibitions & defences, à tous Imprimeurs & Libraires, & autres personnes de quelque qualité & condition qu'elles soient, d'imprimer, vendre ny debiter lesdites œuvres, sous quelque pretexte que ce soit, si ce n'est du confentement de l'Expofant, ou de ceux qui auront droit de luy ; fur peine de confifcation des Exemplaires, & de quinze cent livres d'amande, applicable un tiers à Nous, un tiers à l'Hofpital General, & l'autre tiers au profit de l'Expofant, & de tous defpens, dommages & interefts. A la charge qu'il en fera mis deux des Exemplaires defdites œuvres en noftre Bibliotecque publique, un en noftre Cabinet de noftre Chafteau du Louvre, & un en celle de noftre cher & feal Chevalier Chancelier de France le fieur Seguier, avant que de les expofer en vente, à peine de nullité des prefentes, lefquelles feront enregiftrées fur le Livre du Scindic des Marchands Libraires de noftredite ville de Paris. Voulant qu'en mettant au commencement ou à la fin defdites œuvres un Extrait des prefentes, elles foient tenües pour bien & deuëment fignifiées: Et que foy foit ajoûtée aux copies d'icelles collationées par l'un de nos amez & feaux Confeillers & Secretaires, comme à l'Original. Si mandons à chacun de Vous, ainfi qu'il appartiendra, que du contenu en icelles vous faffiez joüir & ufer l'Expofant & ceux qui auront droit de luy, pleinement & paifiblement, Faifant ceffer tous troubles & empefchemens au contraire. Mandons en outre au premier Huiffier ou Sergent fur ce requis, faire pour l'execution des prefentes tous Actes neceffaires, fans demander autre permiffion: Car tel eft noftre plaifir: Nonobftant oppofitions ou appellations quelconques, Clameur de Haro, Chartre Normande, & autres Lettres à ce contraires. Donné à Paris le dernier jour de Decembre, l'an de grace mil fix cens foixante-dix: Et de noftre regne le vingt-huitiéme.

Signé, Par le Roy en son Conseil, BAUDOUIN.
Et scellé du grand sceau de cire jaune.

Et ledit sieur Corneille a cedé son droit de Privilege à Thomas Jolly, Guillaume de Luynes, & Louis Billaine, pour la Comedie de Tite & Bérénice seulement, suivant l'accord fait entre eux.

Registré sur le Livre de la Communauté des Imprimeurs & Marchands Libraires de Paris, suivant & conformément à l'Arrest du Parlement du 8. Avril 1653. Aux charges & conditions portées és presentes Lettres, le 24. Janvier 1671.
Signé LOUIS SEVESTRE *Syndic.*

Achevé d'imprimer pour la premiere fois le 3. de Fevrier 1671.

ACTEVRS.

TITE, Empéreur de Rome & Amant de Bérénice.

DOMITIAN, Frere de Tite & Amant de Domitie.

BERENICE, Reine d'une partie de la Judée.

DOMITIE, Fille de Corbulon.

PLAUTINE, Confidente de Domitie.

FLAVIAN, Confident de Tite.

ALBIN, Confident de Domitian.

PHILON, Ministre d'Eſtat, Confident de Bérénice.

La Scéne eſt à Rome dans le Palais Impérial.

TITE
ET
BERENICE.
COMEDIE HEROIQUE.

ACTE I.
SCENE PREMIERE,
DOMITIE, PLAUTINE.

DOMITIE.

AISSE-MOY mon chagrin, tout injuste qu'il est ;
Je le chasse, il revient, je l'étouffe, il renaist,
Et plus nous approchons de ce grand Hyménée,
Plus en dépit de moy je m'en trouve gefnée,

A

Il fait toute ma gloire, il fait tous mes defirs,
Ne devroit-il pas faire auffi tous mes plaifirs?
Depuis plus de fix mois la pompe s'en aprefte,
Rome s'en fait d'avance en l'esprit une fefte,
Et tandis qu'à l'envy tout l'Empire l'attend,
Mon cœur dans tout l'Empire eft le feul mécôtent.

PLAUTINE.
Que trouvez-vous, Madame, ou d'amer, ou de rude
A voir qu'un tel bon-heur n'ait plus d'incertitude,
Et quand dans quatre jours vous devez y monter,
Quel importun chagrin pouvez-vous écouter?
Si vous n'en êtes pas tout à fait la maîtreffe,
Du moins à l'Empereur cachez cette trifteffe,
Le dangereux foupçon de n'eftre pas aimé
Peut le rendre à l'objet dont il fut trop charmé:
Avant qu'il vous aimaft il aimoit Bérénice,
Et s'il n'en pût alors faire une Impératrice,
A prefent il eft maiftre, & fon pére au tombeau
Ne peut plus le forcer d'éteindre un feu fi beau.

DOMITIE.
C'eft là ce qui me gefne, & l'image importune
Qui trouble les douceurs de toute ma fortune:
J'ambitionne & crains l'Hymen d'un Empereur
Dont j'ay lieu de douter fi j'auray tout le cœur.
Ce pompeux appareil où fans ceffe il ajoûte
Recule chaque jour un nœud qui le dégoûte,
Il fouffre chaque jour que le Gouvernement
Vole ce qu'à me plaire il doit d'attachement,
Et ce qu'il en étale agit d'une manière
Qui ne m'affeure point d'une ame toute entiére.
Souvent mefme au milieu des offres de fa foy
Il femble tout à coup qu'il n'eft pas avec moy,
Qu'il a quelque plus douce ou noble inquietude;
Son feu de fa raifon eft l'effet & l'étude,

COMEDIE HEROIQUE.

Il s'en fait un plaisir bien moins qu'un embarras,
Et s'efforce à m'aimer, mais il ne m'aime pas.

PLAUTINE.

A cet effort pour vous qui pourroit le côtraindre ?
Maistre de l'Univers a-t-il un maistre à craindre ?

DOMITIE.

J'ay quelques droits, Plautine, à l'Empire Romain,
Que le choix d'un époux peut mettre en bône main:
Mon pére avant le sien éleu pour cet Empire
Préféra... tu le sçais, & c'est assez t'en dire :
C'est par cet interest qu'il m'apporte sa foy,
Mais pour le cœur, te dis-je, il n'est pas tout à moy.

PLAUTINE.

La chose est bien égale, il n'a pas tout le vostre,
S'il aime un autre objet, vous en aimez un autre,
Et comme sa raison vous donne tous ses vœux,
Vostre ardeur pour son rang fait pour luy tous vos feux.

DOMITIE.

Ne dy point qu'entre-nous la chose soit égale :
Un divorce avec moy n'a rien qui le ravale,
Sans avilir son sort il me renvoye au mien,
Et du rang qui luy reste il ne me reste rien.

PLAUTINE.

Que ce que vous avez d'ambitieux caprice,
Pardonnez moy ce mot, vous fait un dur supplice!
Le cœur remply d'amour, vous prenez un époux,
Sans en avoir pour luy, sans qu'il en ait pour vous!
Aimez pour estre aimée, & montrez-luy vous-
mesme,   [vous aime,
En l'aimant comme il faut, comme il faut qu'il
Et si vous vous aimez, gagnez sur vous ce point
De vous donner entiere, ou ne vous donnez point.

A ij

TITE ET BERENICE.
DOMITIE.

Si l'amour quelquefois souffre qu'on le contraigne,
Il souffre rarement qu'une autre ardeur l'éteigne,
Et quand l'ambition en met l'empire à bas,
Elle en fait son esclave, & ne l'étouffe pas.
Mais un si fier esclave ennemy de sa chaisne
La secouë à toute heure, & la porte avec gesne,
Et maistre de nos sens qu'il appelle au secours,
Il échappe souvent, & murmure toûjours.
Veux-tu que je te fasse un aveu tout sincére ?
Je ne puis aimer Tite, ou n'aimer pas son frére,
Et malgré cet amour je ne puis m'arrêter
Qu'au degré le plus haut où je puisse monter.
Laisse-moy retracer ma vie en ta mémoire ;
Tu me connois assez pour en sçavoir l'histoire,
Mais tu n'as pû connoistre à chaque événement
De mon illustre orgueil quel fut le sentiment.

En naissant, je trouvay l'Empire en ma famille,
Néron m'eut pour parente & Corbulon pour fille,
Et le bruit qu'en tous lieux fit sa haute valeur
Autant que ma naissance enfla mon jeune cœur.
De l'éclat des grandeurs par là préoccupée
Je vis d'un œil jaloux Octavie & Poppée,
Et Néron, des Mortels & l'horreur & l'effroy,
M'eust paru grand héros s'il m'eust offert sa foy.

Après tant de forfaits & de morts entassées,
Les troupes du Levant d'un tel monstre lassées
Pour César en sa place éleurent Corbulon :
Son austére vertu rejetta ce grand nom,
Un lâche assassinat en fut le prompt salaire,
Mais mon orgueil sensible à ces hôneurs d'un pére
Prit de tout autre rang une assez forte horreur,
Pour me traiter dans l'ame en fille d'Empereur,

COMEDIE HEROIQUE. 5

Néron périt enfin. Trois Empereurs de suite
Virent de leur fortune une assez prompte fuite ;
L'Orient de leurs noms fut à peine averty,
Qu'il fit Vespasian Chef d'un plus fort party.
Le Ciel l'en avoüa : Ce guerrier magnanime
Par Tite son aisné fit assieger Solyme,
Et tandis qu'en Egypte il prit d'autres emplois,
Domitian icy vint dispenser ses loix.
Je le vis & l'aimay : ne blasme point ma flâme,
Rien de plus grand que luy n'éblouïssoit mon ame,
Je ne voyois point Tite, un Hymen me l'ostoit,
Mille soûpirs aidoient au rang qui me flatoit,
Pour remplir tous nos vœux nous n'attendions
 qu'un pére :
Il vint, mais d'un esprit à nos vœux si contraire,
Que quoy qu'on luy pût dire, on n'en put arracher
Ce qu'attendoit un feu qui nous étoit si cher.
On n'en sçeut point la cause, & divers bruits cou-
 rurent
Qui tous à nôtre amour également déplûrent ;
J'en eus un long chagrin. Tite fit tost aprés
De Bérénice à Rome admirer les attraits,
Pour elle avec Martie il avoit fait divorce,
Et cette belle Reine eut sur luy tant de force,
Que pour montrer à tous sa flâme, & hautement,
Il luy fit au Palais prendre un appartement. [ne
L'Empereur, bien qu'en l'ame il prévist quelle hai-
Concevroit tout l'Etat pour l'époux d'une Reine,
Sembla voir cet amour d'un œil indifférent,
Et laisser un cours libre aux flots de ce torrent :
Mais sous les vains dehors de cette complaisance
On ménagea ce Prince avec tant de prudence,
Qu'en dépit de son cœur que charmoiét tant d'apas
Il l'obligea luy-mesme à revoir ses Etats.

A iij

A peine je le vis sans maîtresse & sans femme,
Que mon orgueil vers luy tourna toute mon ame;
Et s'étant emparé des plus doux de mes soins,
Son frere commença de me plaire un peu moins.
Non qu'il ne fust toûjours maistre de ma tendresse,
Mais je la regardois ainsi qu'une foiblesse,
Comme un honteux effet d'un amour éperdu,
Qui me voloit un rang que je me croyois dû.
Tite à peine sur moy jettoit alors la veuë,
Cent fois avec douleur je m'en suis aperceuë;
Mais ce qui consoloit ce juste & long ennuy,
C'est que Vespasian me regardoit pour luy.
Je commençois pourtant à n'en plus rien attendre,
Quand je vis en ses yeux quelque chose de tendre,
Il me rendit visite, & fit tout ce qu'on fait
Alors qu'on veut aimer, ou qu'on aime en effet.
Je veux bien t'avoüer que j'y crûs du mystére,
Qu'il ne me disoit rien que par l'ordre d'un pére;
Mais qui ne pancheroit à s'en desabuser,
Lors que ce pére mort il songe à m'épouser?
Toy qui vois tout mon cœur, juge de son martire.
L'ambition l'entraisne, & l'amour le déchire,
Quand je croy m'estre mise au dessus de l'amour,
L'amour vers son objet me ramène à son tour.
Je veux régner, & tremble à quitter ce que j'aime,
Et ne me sçaurois voir d'accord avec moy-mesme.

PLAUTINE,

Ah, si Domitian devenoit Empereur,   [cœur!
Que vous auriez bien-tost calmé tout ce grand
Que bien-tost, mais il vient. Ce grand cœur en
   soûpire!

DOMITIE.

Hélas! plus je le voy, moins je sçay que luy dire,

Je l'aime & le dédaigne, & n'ofant m'attendrir,
Je me veux mal des maux que je luy fais fouffrir.

SCENE II.

DOMITIAN, DOMITIE, ALBIN, PLAUTINE.

DOMITIAN.

FAut-il mourir, Madame, & fi proche du terme
Voftre illuftre inconstance eft-elle encor fi fer-
 me,
Que les reftes d'un feu que j'avois crû fi fort
Puiffent dans quatre jours fe promettre ma mort?
DOMITIE.
Ce qu'on m'offre, Seigneur, me feroit peu d'envie,
S'il en coûtoit à Rome une fi belle vie,
Et ce n'eft pas un mal qui vaille en foûpirer
Que de faire une perte aifée à réparer.
DOMITIAN.
Aifée à réparer! un choix qui m'a fceu plaire,
Et qui ne plaift pas moins à l'Empereur mon frére,
Charme-t-il l'un & l'autre avec fi peu d'appas,
Que vous fçachiez leur prix, & le mettiez fi bas?
DOMITIE. [d'eftime,
Quoy qu'on ait pour foy-mefme ou d'amour, ou
Ne s'en croire pas trop n'eft pas faire un grand
 crime.
Mais n'éxaminons point en cet excés d'honneur
Si j'ay quelque mérite, ou n'ay que du bon-heur;

Telle que je puis eftre, obtenez-moy d'un frére.
DOMITIAN.
Hélas, si je n'ay pû vous obtenir d'un pére,
Si mefme je ne puis vous obtenir de vous,
Qu'obtiendray-je d'un frére amoureux & jaloux?
DOMITIE.
Et moy, refisteray-je à sa toute-puiffance,
Quand vous n'y répondez qu'avec obéïffance?
Moy qui n'ay fous les Cieux que vous feul pour foûtien, [rien?
Que puis-je contre luy quand vous n'y pouvez
DOMITIAN. [me,
Je ne puis rien fans vous, & pourrois tout, Mada-
Si je pouvois encor m'affeurer de vôtre ame.
DOMITIE.
Pouvez-vous en douter, après deux ans de pleurs
Qu'à vos yeux j'ay donnez à nos communs malheurs?
Durant un déplaifir si long & si fenfible
De voir toûjours un pére à nos vœux infléxible,
Ay-je écouté quelqu'un de tant de foûpirans
Qui m'accabloient par tout de leurs regards mourans?
Quel que fût leur amour, quel que fût leur mérite?
DOMITIAN.
Ouy, vous m'ayez aimé jusqu'à l'amour de Tite,
Mais de ces foûpirans qui vous offroient leur foy
Aucun ne vous eût mife alors si haut que moy.
Voftre ame ambitieufe à mon rang attachée
N'en voyoit point en eux dont elle fût touchée,
Ainfi de ces rivaux aucun n'a réüffi,
Mais les temps font changez, Madame, & vous auffi.

COMEDIE HEROIQUE.
DOMITIE.
Non, Seigneur, je vous aime, & garde au fond de
　　　l'ame　　　　　　　　　　　　　　　[me,
Tout ce que j'eus pour vous de tendresse & de flâ-
L'effort que je me fais me tuë autant que vous,
Mais enfin l'Empereur veut estre mon époux.
DOMITIAN.
Ah si vous n'acceptez sa main qu'avec contrainte,
Venez, venez, Madame, autoriser ma plainte:
L'Empereur m'aime assez pour quitter vos liens,
Quand je luy porteray vos vœux avec les miens.
Dites que vous m'aimez, & que tout son Empi-
　　　re...
DOMITIE.
C'est ce qu'à dire vray j'auray peine à luy dire,
Seigneur, & le respect qui n'y peut consentir...
DOMITIAN.
Non, vostre ambition ne se peut démentir,
Ne la déguisez plus, montrez-là toute entiére;
Cette ame que le throsne a sçeu rendre si fiére,
Cette ame dont j'ay fait les plaisirs les plus doux,
Cette ame...
DOMITIE.
　　Voyez-la, cette ame toute à vous,
Voyez-y tout ce feu que vous y fistes naistre,
Et soyez satisfait, si vous le pouvez estre.
　Je ne veux point, Seigneur, vous le dissimuler,
Mon cœur va tout à vous quand je le laisse aller;
Mais sans dissimuler j'ose aussi vous le dire, [re,
Ce n'est pas mon dessein qu'il m'en coûte l'Empi-
Et je n'ay point une ame à se laisser charmer
Du ridicule honneur de sçavoir bien aimer.
La passion du thrône est seule toûjours belle,
Seule à qui l'ame doive une ardeur immortelle;

J'ignorois de l'amour quel est le doux poison,
Quand elle s'empara de toute ma raison.
Comme elle est la prémiére, elle est la dominante;
Non qu'à trahir l'amour je ne me violente,
Mais il est juste enfin que des soûpirs secrets
Me punissent d'aimer contre mes intérests.
   Daignez donc voir, Seigneur, quelle route il
      faut prendre
Pour ne point m'imposer la honte de descendre,
Tout mon cœur vous préfere à cet heureux rival,
Pour m'avoir toute à vous devenez son égal,
Vous dites qu'il vous aime, & je ne puis le croire,
Si je ne voy sur vous un rayon de sa gloire.
On vous a veu tous deux sortir d'un mesme flanc,
Ayez mesmes honneurs ainsi que mesme sang,
Dites luy que le droit qu'a ce sang à l'Empire....
      DOMITIAN.
C'est-là ce qu'à mon tour j'auray peine à luy dire,
Madame, & le devoir qui n'y peut consentir...
      DOMITIE.
A mes vives douleurs daignez-donc compatir,
Seigneur, j'achete assez le rang d'Impératrice,
Sans qu'un réproche injuste augmente mon sup-
      plice.
      DOMITIAN.

Et bien dans cet Hymen qui n'en a que pour moy,
J'applaudiray moy-mesme à vostre peu de foy,
Je diray que le Ciel doit à vostre mérite ...
      DOMITIE.
Non, Seigneur, faites mieux, & quittez qui vous
      quitte.
Rome a mille beautez dignes de vôtre cœur,
Mais dans toute la Terre il n'est qu'un Empereur.

COMEDIE HEROIQUE.

Si mon pére avoit eu les sentimens du vostre,
Je vous aurois donné ce que j'attens d'un autre,
Et ma flâme en vos mains eust mis sans balancer
Le sceptre qu'en la mienne il auroit dû laisser.
Laissez à son defaut suppléer la Fortune,
Et n'ayez pas une ame assez basse & commune,
Pour s'opposer au Ciel qui me rend par autruy
Ce que trop de vertu me fit perdre par luy: [ges;
Pour peu que vous m'aimiez, aimez mes avanta-
Il n'est point d'autre amour digne des grands cou-
 rages.
Voila toute mon ame. Aprés cela, Seigneur,
Laissez-moy m'épargner les troubles de mon
 cœur;
Un plus long entretien ne pourroit rien produire,
Qui ne pûst malgré-moy vous déplaire, ou me
 nuire.

SCENE III.
DOMITIAN, ALBIN.
ALBIN.

Elle se defend bien, Seigneur, & dans la Cour...
DOMITIAN.
Aucun n'a plus d'esprit, Albin, & moins d'amour.
J'admire ainsi que toy dans ce qu'elle m'oppose
Son adresse à défendre une mauvaise cause,
Et si pour m'asseurer que son cœur n'est qu'à moy
Tant d'esprit agissoit en faveur de sa foy,
Si sa flâme au secours appliquoit cette adresse,
L'Empereur convaincu me rendroit ma maîtresse.
ALBIN.
Cependant n'est-ce rien que ce cœur soit à vous?

DOMITIAN.
D'un bon-heur si mal seur je ne suis point jaloux,
Et trouve peu de jour à croire qu'elle m'aime,
Quand elle ne regarde & n'aime que soy-mesme.
ALBIN.
Seigneur, s'il m'est permis de parler librement,
Dans toute la Nature, aime-t-on autrement ?
L'amour propre est la source en nous de tous les
   autres,
C'en est le sentiment qui forme tous les nostres,
Luy seul allume, éteint, ou change nos desirs,
Les objets de nos vœux le sont de nos plaisirs :
Vous mesme qui brûlez d'une ardeur si fidelle,
Aimez-vous Domitie, ou vos plaisirs en elle ?
Et quand vous aspirez à des liens si doux,
Est-ce pour l'amour d'elle, ou pour l'amour de
   vous ?
De sa possession l'aimable & chére idée,
Tient vos sens enchantez & vôtre ame obsedée,
Mais si vous conceviez quelques destins meilleurs,
Vour porteriez bien tost toute cette ame ailleurs.
Sa conqueste est pour vous le comble des délices,
Vous ne vous figurez ailleurs que des supplices,
C'est par là qu'elle seule a droit de vous charmer,
Et vous n'aimez que vous quand vous croyez l'ai-
   mer.
DOMITIAN.
En l'état où je suis les maux dont je soûpire
M'ostent la liberté de te rien contredire:
Cherchons-en le reméde, au lieu de raisonner
Sur l'amour où le Ciel se plaist à m'obstiner.
N'est-il point de secret ? n'est-il point d'artifice..
ALBIN.
Oüy, Seigneur, il en est, rappellons Bérénice.

Sous le nom de César pratiquons son retour,
Qui retarde l'Hymen, & suspende l'amour.
DOMITIAN.
Que je verrois, Albin, ma volage punie,
Si de ces grands aprests pour la cérémonie,
Que depuis si long temps on dresse à si grand bruit,
Elle n'avoit que l'ombre, & qu'une autre eust le fruit !
Qu'elle seroit confuse, & que j'aurois de joye !
Mais il faut que le Ciel luy-mesme la renvoye,
Cette belle rivale, & tout nostre discours
Ne la sçauroit icy rendre dans quatre jours.
ALBIN.
N'importe, en l'attendant préparons sa victoire,
Dans l'esprit d'un rival r'animons sa mémoire,
Retraçons à ses yeux l'image du passé,
Et profitons par là du cœur embarassé.
N'y perdez point de temps, allez sans plus rien taire
Tâter jusqu'en ce cœur les tendresses de frére.
Si vous ne l'emportez, il pourra s'ébranler,
S'il ne rompt cet Hymen, il pourra reculer,
Je me trompe, ou son ame y panche d'elle-mesme:
S'il s'émeut, redoublez, dites que l'on vous aime,
Dites qu'un pur respect contraint avec ennuy
Une ame toute à vous à se donner à luy :
S'il se trouble, achevez, parlez de Bérénice,
De tant d'amour qu'il traite avec tant d'injustice;
Pour luy donner le temps de venir au secours
Nous aurons quatre mois au lieu de quatre jours.
DOMITIAN.
Mais j'aime Domitie, & luy parler contre elle,
C'est me mettre au hazard d'irriter l'infidelle.

Ne me condamne point, Albin, à la trahir,
A joindre à ses mépris le droit de me haïr:
En vain je veux contre elle écouter ma colére,
Toute ingrate qu'elle est, je tremble à luy déplaire.
ALBIN.
Seigneur, quelle mesure avez-vous à garder ?
Quand on voit tout perdu, craint-on de hazarder ?
Et si l'ambition vers un autre l'entraisne,
Que vous peut importer son amour, ou sa haine ?
DOMITIAN.
Qu'un salutaire avis fait une douce loy
A qui peut avoir l'ame aussi libre que toy !
Mais celle d'un amant n'est pas comme une autre
    ame,
Il ne voit, il n'entend, il ne croit que sa flâme,
Du plus puissant reméde il se fait un poison,
Et la raison pour luy n'est pas toûjours raison.
ALBIN.
Et si je vous disois que déja Bérénice
Est dans Rome, inconnuë, & par mon artifice ?
Qu'elle surprendra Tite, & qu'elle y vient exprès
Pour de ce grand Hymen renverser les aprests ?
DOMITIAN.
Albin, seroit-il vray ?
ALBIN.
          La Nouvelle vous flate ;
Peut-estre est-elle fausse, attendez qu'elle éclate :
Sur tout à l'Empereur déguisez-la si bien...
DOMITIAN.
Va, je luy parleray comme n'en sçachant rien.

Fin du prémier Acte.

COMEDIE HEROIQUE.

ACTE II.
SCENE PREMIERE.
TITE, FLAVIAN.
TITE.

VOY, des Ambassadeurs que Bérenice envoye
Viennent icy, dis-tu, me témoigner
  sa joye,
M'apporter son hommage, & me
  féliciter,
Sur ce comble de gloire où je viens de monter?
FLAVIAN.
En attendant vostre ordre ils sont au Port d'Ostie.
TITE.
Ainsi, graces aux Dieux, sa flâme est amortie,
Et de pareils devoirs sont pour moy des froideurs,
Puisqu'elle s'en rapporte à ses Ambassadeurs,
Jusqu'après mon Hymen remettons leur venuë,
J'aurois trop à rougir si j'y souffrois leur veuë,
Et recevois les yeux de ses propres Sujets
Pour envieux témoins du vol que je luy fais.
Car mon cœur fut son bien, à cette belle Reine,
Et pourroit l'estre encor malgré Rome, & sa hai-
  ne,

Si ce divin objet qui fut tout mon defir
Par quelque doux regard s'en venoit reffaifir.
Mais du haut de fon trône elle aime mieux me rendre [dre,
Ces froideurs que pour elle on me força de pren-
Peut-eftre en ce moment que toute ma raifon
Ne fçauroit fans defordre entendre fon beau nom,
Entre les bras d'un autre un autre amour la livre,
Elle fuit mon éxemple, & fe plaift à le fuivre,
Et ne m'envoye icy traiter de Souverain,
Que pour braver l'amant qu'elle charmoit en vain.

FLAVIAN.

Si vous la revoyiez, je plaindrois Domitie.
TITE.
Contre tous fes attraits ma raifon endurcie
Feroit de Domitie encor la feureté,
Mais mon cœur auroit peu de cette dureté.
N'aurois-tu point appris qu'elle fuft infidelle,
Qu'elle écoutât les Rois qui foûpirent pour elle?
Dis-moy que Polémon régne dans fon efprit,
J'en auray du chagrin, j'en auray du dépit,
D'une vive douleur j'en auray l'ame atteinte,
Mais j'époufèray l'autre avec moins de contrainte.
Car enfin elle eft belle, & digne de ma foy,
Elle auroit tout mon cœur, s'il étoit tout à moy,
La nobleffe du fang, la grandeur de courage,
Font avec fon mérite un illuftre affemblage,
C'eft le choix de mon pére, & je connoy trop bien
Qu'à choifir en Céfar ce doit eftre le mien:
Mais tout mon cœur renonce à luy faire juftice
Dès que mon fouvenir luy rend fa Bérénice.

FLAVIAN.

FLAVIAN.
Si de tels souvenirs vous sont encor si doux,
L'Hyménée a, Seigneur, peu de charmes pour vous.

TITE.
Si de tels souvenirs ne me faisoient la guerre,
Seroit-il Potentat plus heureux sur la Terre?
Mon nom par la victoire est si bien affermy,
Qu'on me croit dans la paix un Lion endormy:
Mon réveil incertain du Monde fait l'étude,
Mon repos en tous lieux jette l'inquiétude,
Et tandis qu'en ma Cour les aimables loisirs
Ménagent l'heureux choix des jeux & des plaisirs,
Pour envoyer l'effroy sous l'un & l'autre Pole,
Je n'ay qu'à faire un pas, & hausser la parole.
Que de félicité, si mes vœux imprudens
N'étoient de mon pouvoir les seuls indépendants!
Maistre de l'Univers, sans l'estre de moy-méme,
Je suis le seul rebelle à ce pouvoir suprême,
D'un feu que je combats je me laisse charmer,
Et n'aime qu'à regret ce que je veux aimer.
En vain de mon Hymen Rome presse la pompe,
J'y veux de la lenteur, j'aime qu'on l'interrompe,
Et n'ose résister aux dangereux souhaits
De préparer toûjours & n'achever jamais.

FLAVIAN.
Si ce dégoust, Seigneur, va jusqu'à la rupture,
Domitie aura peine à souffrir cette injure.
Ce jeune esprit qu'enteste, & le sang de Néron,
Et le choix qu'en Syrie on fit de Corbulon,
S'attribuë à l'Empire un droit imaginaire,
Et s'en fait comme vous un rang héréditaire.
Si de vostre parole un manque surprenant
La jette entre les bras d'un homme entreprenant,

B

S'il l'unit à quelque ame assez fiére & hautaine
Pour servir son orgueil & seconder sa haine,
Un vif ressentiment luy fera tout oser,
En un mot il vous faut la perdre, ou l'épouser.

TITE.

J'en sçay la Politique, & cette loy crüelle
A presque fait l'amour qu'il m'a fallu pour elle.
Réduit au triste choix dont tu viens de parler
J'aime mieux, Flavian, l'aimer, que l'immoler,
Et ne puis démentir cette horreur magnanime
Qu'en recevant le jour je conceus pour le crime.
Moy qui seul des Cesars me vois en ce haut rang,
Sans qu'il en coûte à Rome une goutte de sang,
Moy que du genre humain on nomme les délices,
Moy qui ne puis souffrir les plus justes supplices,
Pourrois-je authoriser une injuste rigueur
A perdre une Heroïne à qui je doy mon cœur ?
Non, malgré les attraits de sa belle rivale,
Malgré les vœux flotans de mon ame inégale,
Je veux l'aimer, je l'aime, & sa seule beauté
Pouvoit me consoler de ce que j'ay quitté ;
Elle seule en ses yeux porte dequoy contraindre
Mes feux à s'assoupir, s'ils ne peuvent s'éteindre,
Dequoy flater mon ame, & forcer mes douleurs
A souhaiter du moins de n'aimer plus ailleurs.
Mais je ne voy pas bien que j'en sois encor maistre;
Dés que ma flâme expire un mot la fait renaistre,
Et mon cœur malgré-moy rappelle un souvenir
Que je n'ose écouter, & ne sçaurois bannir.
Ma raison s'en veut faire en vain un sacrifice,
Tout me ramène icy, tout m'offre Bérénice,
Et mesme je ne sçay par quel pressentiment
Je n'ay souffert personne en son Apartement,

Mais depuis cet Adieu si crüel & si tendre,
Il est demeuré vuide, & semble encor l'attendre.
Va, fay porter mon ordre à ses Ambassadeurs,
C'est trop entretenir d'inutiles ardeurs,
Il est temps de chercher qui m'en puisse distraire,
Et le Ciel à propos envoye icy mon frére.
FLAVIAN.
Irez-vous au Senat?
TITE.
Non, il peut s'assembler
Sur ce déluge ardent qui nous a fait trembler,
Et pourvoir sous mon ordre aux affreuses ruïnes
Dont ses feux ont couvert les campagnes voisines.

SCENE II.
TITE, DOMITIAN, ALBIN.

DOMITIAN.

Puis-je parler, Seigneur, & de vostre amitié
Espérer une grace à force de pitié?
Je me suis jusqu'icy fait trop de violence,
Pour augmenter encor mes maux par mon silence,
Ce que je vay vous dire est digne du trépas,
Mais aussi j'en mourray si je ne le dis pas:
Apprenez-donc mon crime, & voyez s'il faut faire
Justice d'un coupable, ou grace aux vœux d'un
  frére.
J'ay vû ce que j'aimois choisi pour estre à vous,
Et je l'ay vû long-temps sans en estre jaloux,

B ij

Vous n'aimiez Domitie alors que par contrainte,
Vous vous faisiez effort, j'imitois vôtre feinte,
Et comme aux loix d'un pére il falloit obeïr,
Je feignois d'oublier, vous de ne point haïr.
Le Ciel qui dans vos mains met sa toute-puissance
Ne met-il point de borne à cette obeïssance ?
La faut-il à son Ombre, & que ce mesme effort
Vous déchire encor l'ame, & me donne la mort ?

TITE.

Souffrez sur cet effort que ie vous desabuse.
Il fut grand, & de ceux que tout le cœur refuse,
Pour en sauver le mien je fis ce que je pus,
Mais ce qui fut effort à present ne l'est plus.
Sçachez-en la raison. Sous l'empire d'un pére
Je murmuray toûjours d'un ordre si sévére,
Et cherchay les moyens de tirer en longueur
Cet Hymen qui vous gesne & m'arrachoit le cœur.
Son trépas a changé toutes choses de face.
J'ay pris ses sentimens lors que i'ay pris sa place,
Je m'impose à mon tour les loix qu'il m'imposoit,
Et me dis aprés luy tout ce qu'il me disoit.
J'ay des yeux d'Empereur, & n'ay plus ceux de
 Tite,
Je vois en Domitie un tout autre mérite,
J'écoute la raison, j'en goûte les conseils,
Et j'aime comme il faut qu'aiment tous mes pa-
 reils.   [Maistre
Si dans les prémiers jours que vous m'avez vû
Vostre feu mal-éteint avoit voulu paroistre,
J'aurois pû me combattre & me vaincre pour
 vous :
Mais si prés d'un hymen si souhaité de tous,
Quand Domitie a droit de s'en croire asseurée,
Que le jour en est pris, la feste préparée,

COMEDIE HEROIQUE.

Je l'aime & luy dois trop, pour jetter sur son front
L'éternelle rougeur d'un si mortel affront.
Rome entiére,& ma foy l'appellent à l'Empire,
Voyez mieux de quel œil on m'en verroit dédire,
Ce qu'ose se permettre une femme en fureur,
Et combien Rome entiére auroit pour moy d'hor-
    reur.

DOMITIAN.
Elle n'en auroit point de vous voir pour un frére
Faire autant que pour elle il vous a plû de faire.
Seigneur, à vos bontez laissez un libre cours,
Qui se vainc une fois peut se vaincre toûjours,
Ce n'est pas un effort que vostre ame redoute.

TITE.
Qui se vainc une fois sçait bien ce qu'il en coûte,
L'effort est assez grand pour en craindre un se-
    cond.

DOMITIAN.
Ah, si vôtre grande ame à peine s'en répond,
La mienne qui n'est pas d'une trempe si belle,
Réduite au mesme effort,Seigneur,que fera-t-elle?

TITE.
Ce que je fais, mon frére, aimez ailleurs.

DOMITAN.   Hélas,
Ce qui vous fut aisé, Seigneur, ne me l'est pas.
Quand vous avez changé, voyiez-vous Bérénice?
De vostre changement son départ fut complice,
Vous l'aviez éloignée,& j'ay devant les yeux,
Je voy presqu'en vos bras ce que j'aime le mieux.
Jugez de ma douleur par l'excès de la vostre,
Si vous voyiez la Reine entre les bras d'un autre :
Contre un rival heureux épargneriez-vous rien ,
A moins que d'un respect aussi grand que le
    mien?

B iij

TITE ET BERENICE.
TITE.
Vangez vous, j'y confens, que rien ne vous retienne,
Je prens voftre maîtreffe, allez, prenez la mienne,
Epoufez Berenice, &...

DOMITIAN.
Vous n'achevez point,
Seigneur, me pourriez-vous aimer jufqu'à ce
TITE. [point?
Ouy, fi ie ne craignois pour vous l'injuste haine
Que Rome concevroit pour l'époux d'une Reine.

DOMITIAN.
Dites, dites, Seigneur qu'il eft bien mal-aifé
De céder ce qu'adore un cœur bien embrafé.
Ne vous contraignez plus, ne gefnez plus voftre ame,
Satisfaites en maiftre une fi belle flâme,
Quand vous aurez fçeu dire une fois, Je le veux,
D'un feul mot prononcé vous ferez quatre heureux.
Bérénice eft toûjours digne de voftre couche,
Et Domitie enfin vous parle par ma bouche;
Car je ne fçaurois plus vous le taire. Ouy, Seigneur,
Vous en voulez la main, & j'en ay tout le cœur,
Elle m'en fit le don dès la premiere veuë,
Et ce don fut l'effet d'une force impreveuë,
De cet ordre du Ciel qui verfe en nos esprits
Les principes fecrets de prendre & d'eftre pris:
Je vous dirois, Seigneur, quelle en eft la puiffance,
Si vous ne le fçaviez par voftre experience.
Ne rompez pas des nœuds, & fi forts, & fi doux,
Rien ne les peut brifer que le trépas ou vous,
Et c'eft un trifte honneur pour une fi grande ame,
Que d'accabler un frere, & contraindre une femme.

TITE.

Je ne contrains personne, & de sa propre voix
Nous allons vous & moy sçavoir quel est son
choix.

SCENE III.

TITE, DOMITIAN, DOMITIE,
ALBIN, PLAUTINE.

TITE.

PArlez, parlez, Madame, & daignez nous ap-
prendre
Où porte vôtre cœur ce qu'il sent de plus tendre,
Qui le posséde entier de mon frére ou de moy ?
DOMITIE.
En doutez-vous, Seigneur, quand vous avez ma
foy ?
TITE.

J'aime à n'en point douter, mais on veut que j'en
doute,
On dit que cette foy ne vous donne pas toute,
Que ce cœur reste ailleurs. Parlez en liberté,
Et n'en consultez point cette noble fierté,
Ce digne orgueil du sang que mon rang sollicite;
De tout ce que je suis ne regardez que Tite,
Et pour mieux écouter vos desirs les plus doux,
Entre le Prince & moy ne regardez que vous.

DOMITIE,
Qu'avez-vous dit de moy, Prince ?
DOMITIAN.
Que dans vostre ame
Vous laissez vivre encor nostre prémiére flâme,
Et qu'en faveur du rang si vous m'osez trahir,
Ce n'est pas tant aimer, Madame, qu'obéir.
C'est en dire un peu plus que vous n'aviez envie,
Mais il y va de vous, il y va de ma vie,
Et qui se voit si près de perdre tout son bien
Se fait armes de tout, & ne ménage rien.
DOMITIE.
Je ne sçay de vous deux, Seigneur, à ne rien feindre
Duquel je dois le plus me loüer, ou me plaindre.
C'est aimer assez mal que remettre tous deux
Au choix de mes desirs le succès de vos vœux,
Et cette liberté par tous les deux offerte [perte,
Montre que tous les deux peuvent souffrir ma
Et que tout leur amour est prest à consentir
Que mon cœur ou ma foy veuille se démentir.
Je me plains de tous deux, & vous plains l'un &
   l'autre,
Si pour voir tout ce cœur vous m'ouvrez tout le
   vostre.
Le Prince n'agit pas en amant fort discret ;
S'il ne m'impose rien, il trahit mon secret,
Tout ce qu'il vous en dit m'offense, ou vous abuse,
Mais ce que fait l'amour, l'amour aussi l'excuse.
  Vous, Seigneur, je croyois que vous m'aimiez
   assez
Pour m'épargner le trouble où vous m'embarassez,
Et laisser pour couleur à mon peu de constance
La gloire d'obeïr à la toute-puissance :
Vous m'ostez cette excuse, & me voulez charger
De ce qu'a d'odieux la honte de changer:

Si

Si le Prince en mon cœur garde encor mesme
   place,
C'est manquer de respect que vous le dire en face,
Et si mon choix pour vous n'est point violenté,
C'est trop d'ambition & d'infidélité.
Ainsi des deux costez tout sert à me confondre,
J'ay cent choses à dire, & rien à vous répondre,
Et ne voulant déplaire à pas un de vous deux,
Je veux ainsi que vous douter où vont mes vœux.
  Ce qui le plus m'étonne en cette déférence
Qui veut du cœur entier une entiére asseurance,
C'est que dans ce haut rang vous ne vouliez pas
   voir
Qu'il n'importe du cœur quand on sçait son de-
   voir,
Et que de vos pareils les hautes Destinées
Ne le consultent point sur ces grands Hyménées.
TITE.
Si le vostre, Madame, étoit de moindre prix.....
Mais que veut Flavian.

SCENE IV.

TITE, DOMITIAN, DOMITIE, PLAUTINE,
FLAVIAN, ALBIN.

FLAVIAN.

Vous en serez surpris,
  Seigneur, je vous apporte une grande
   Nouvelle,
La Reine Bérénice... TITE.
        Et bien ? est infidelle ?

Et son esprit charmé par un plus doux soucy...
FLAVIAN.
Elle est dans ce Palais, Seigneur, & la voicy.

SCENE V.

TITE, DOMITIAN, BERENICE, DOMITIE,
FLAVIAN, ALBIN, PHILON, PLAUTINE.

TITE.

O Dieux ! est-ce, Madame, aux Reines de surprendre ?
Quel acueil, quels hôneurs peuvent-elles attendre,
Quand leur surprise envie au souverain pouvoir
Celuy de donner ordre à les bien recevoir ?

BERENICE.

Pardonnez-le, Seigneur, à mon impatience.
J'ay fait sous d'autres noms demander audience ;
Vous la donniez trop tard à mes Ambassadeurs ;
Je n'ay pû tant attendre à voir tant de grandeurs,
Et quoy que par vous-mesme autrefois éxilée,
Sans ordre & sans aveu je me suis rappellée,
Pour estre la prémiére à mettre à vos genoux
Le sceptre qu'à present je ne tiens que de vous,
Et prendre sur les Rois cet illustre avantage
De leur donner l'éxemple à vous en faire hômage.
 Je ne vous diray point avec quelles langueurs
D'un si crüel éxil j'ay souffert les longueurs,
Vous sçavez trop...

COMEDIE HEROIQUE.
TITE.

Je sçay vostre zéle, & l'admire,
Madame, & pour me voir possesseur de l'Empire,
Pour me rendre vos soins, je ne méritois pas
Que rien vous peust résoudre à quitter vos Etats
Qu'une si grande Reine en formast la pensée.
Un voyage si long vous doit avoir lassée.
Conduisez la, mon frere, en son Apartement.
Vous, faites l'y servir aussi pompeusement,
Avec le mesme éclat qu'elle s'y vit servie,
Alors qu'elle faisoit le bonheur de ma vie.

SCENE VI.

TITE, DOMITIE, PLAUTINE, PHILON.

DOMITIE.

SEigneur, faut-il icy vous rendre vostre foy ?
Ne regardez que vous entre la Reine & moy,
Parlez sans vous contraindre, & me daignez apprendre
Où porte vostre cœur ce qu'il sent de plus tendre.

TITE.

Adieu, Madame, Adieu, dans le trouble où je suis
Me taire & vous quitter c'est tout ce que je puis.

SCENE VII.

DOMITIE, PLAUTINE.

DOMITIE,

SE taire & me quitter ! Après cette retraite [te?
Crois-tu qu'un tel Arrest ait besoin d'interpre-
PLAUTINE.
Ouy, Madame, & ce n'est que desrober au jour,
Que vous cacher le trouble où le met ce retour.
DOMITIE.
Non, non, tu l'as voulu, Plautine, que je vinsse
Desavoüer icy les vanitez du Prince,
Empescher qu'un amant dont je n'ay pas le cœur
Ne cédast ma conqueste à mon prémier vainqueur;
Voy la honte qu'ainsi je me suis attirée.
Quand sa Reine a paru m'a-t-il considérée ?
A-t-il jetté les yeux sur moy qu'en me quittant ?
PLAUTINE.
Pensez-vous que sa Reine ait l'esprit plus content ?
Avant que vous quitter luy-mesme il l'a bannie.
DOMITIE.
Ouy, mais avec respect, avec cerémonie,
Avec des yeux enfin qui l'éloignant des miens
Luy promettoient assez de plus doux entretiens.
Tu me diras encor, que la chose est égale, [dit
Que s'il m'ose quitter il chasse ma rivale,
Mais pour peu qu'il m'aimast, du moins il mauroit
Que je garde en son ame encor mesme crédit,

Il m'en auroit donné des seuretez nouvelles,
Il m'en auroit laissé quelques marques fidelles.
S'il me vouloit cacher le trouble où je le voy,
La plus mauvaise excuse étoit bonne pour moy :
Mais pour toute réponse il se taist & me quitte,
Et tu ne peux souffrir que mon cœur s'en irrite !
Tu veux, lors que luy-mesme ose se déclarer,
Que je me flate encor assez pour espérer !
C'est avec le perfide estre d'intelligence,
Sans me flatter en vain courons à la vangeance,
Faisons voir ce qu'en moy peut le sang de Néron,
Et que je suis de plus fille de Corbulon.

PLAUTINE.

Vous l'estes, mais enfin c'est n'estre qu'une fille,
Que le reste impuissant d'une illustre famille.
Contre un tel Empereur où prendrez-vous des
    bras ?

DOMITIE.

Contre un tel Empereur nous n'en manquerons
    pas.
S'il épouse sa Reine, il est l'horreur de Rome,
Trouvons alors, trouvons un grand cœur, un
    grand homme,
Un Romain qui réponde au sang de mes Ayeux,
Et pour le révolter laisse faire à mes yeux.
Juge par le pouvoir de ceux de Bérénice,
Si les miens auront peine à s'en faire justice.
Si ceux-là forcent Tite à me manquer de foy,
Ceux-cy feront briser le joug d'un nouveau Roy,
Et si de l'Univers les siens charment le maistre,
Les miens charméront ceux qui méritent de l'estre.
Dy-le moy, tu l'as veuë, ay-je peu de raison,
Quand de mes yeux aux siens je fais comparaison ?

Est-elle plus charmante ? ay-je moins de mérite ?
Suis-je moins digne qu'elle enfin du cœur de Tite?
PLAUTINE.
Madame...
DOMITIE.
Je m'emporte, & mes sens interdits
+ Impriment leur desordre en tout ce que je dis.
Comment sçaurois je aussi ce que je te dois dire,
Si je ne sçay pas mesmè à quoy mon ame aspire ?
Mon aveugle fureur s'égare à tous propos :
Allons penser à tout avec plus de repos.
PLAUTINE.
Vous pourriez hazarder un moment de visite
Pour voir si ce retour est sans l'aveu de Tite,
Ou si c'est de concert qu'il a fait le surpris.
DOMITIE.
Ouy, mais auparavant remettons nos esprits.

Fin du second Acte.

COMEDIE HEROIQUE. 31

ACTE III.
SCENE PREMIERE.

DOMITIAN, BERENICE, PHILON.

DOMITIAN.

E vous l'ay dit, Madame, & j'aime à
le redire.
Qu'il est beau qu'à vous plaire un
Empereur aspire !
Qu'il luy doit estre doux qu'un véri-
table feu
Par de justes soupirs mérite vostre aveu !
Seroit-ce un crime à moins ? Seroit-ce vous dé-
plaire
Après un Empereur de vous offrir son frére ?
Et voudriez-vous croire en faveur de ma foy
Qu'un frére d'Empereur pourroit valoir un Roy ?

BERENICE.

Si vostre ame, Seigneur, en veut estre éclaircie,
Vous pouvez le sçavoir de vostre Domitie.
De tous les deux aimée, & douce à tous les deux,
Elle sçait mieux que moy comme on change de
vœux,
Et sçait peut-estre mal la route qu'il faut prendre
Pour trouver le secret de les faire descendre,

C iiij

Quelque facilité qu'elle ait euë à trouver,
Malgré sa flame & vous, l'art de les élever.
Pour moy qui n'eus jamais l'honneur d'estre Romaine,
Et qu'un destin jaloux n'a fait naistre que Reine,
Sans qu'un de vous descende au rang que je remplis,
Ce me doit estre assez d'un de vos Affranchis,
Et si vostre Empereur suit les traces des autres,
Il suffit d'un tel sort pour relever les nostres.
Mais changeons de discours, & me dites, Seigneur,
Par quel ordre aujourd'huy vous m'offrez vostre cœur.
Est-ce pour obliger ou Domitie, ou Tite?
N'ose-t-il me quitter à moins que je le quitte?
Et peut il à son rang si peu se confier
Qu'il veuille mon éxemple à se justifier?
Me donne-t-il à vous, alors qu'il m'abandonne?

DOMITIAN.

Il vous respecte trop, c'est à vous qu'il me donne,
Et me fait la justice, en m'enlevant mon bien,
De vouloir que je tasche à m'enrichir du sien :
Mais à peine il le veut, qu'il craint pour moy la haine
Que Rome concevroit pour l'époux d'une Reine,
C'est à vous de juger d'où part ce sentiment;
En vain par Politique il fait ailleurs l'amant,
Il s'y réduit en vain par grandeur de courage ;
A ces fausses clartez opposez quelque ombrage,
Et je renonce au jour s'il ne revient à vous ,
Pour peu que vous panchiez à le rendre jaloux.

BERENICE.

Peut-estre, mais Seigneur, croyez-vous Bérénice?
D'un cœur à s'abaisser jusqu'à cet artifice,

COMEDIE HEROIQUE. 33
Jusques à mendier laschement le retour
De ce qu'un grand service a mérité d'amour?
DOMITIAN.
Madame, sur ce point je n'ay rien à vous dire.
Vous sçavez ce que vaut l'Empereur & l'Empire,
Et si vous consentez qu'on vous manque de foy,
Vous pouvez regarder si je vaux bien un Roy.
J'apperçoy Domitie, & luy céde la place.

SCENE II.
DOMITIE, BERENICE, DOMITIAN, PHILON.

DOMITIE.
JE vay me retirer, Seigneur, si je vous chasse;
Et j'ay des interests que vous servez trop bien,
Pour arréter le cours d'un si long entretien.
DOMITIAN.
Je faisois à la Reine une offre de service
Qui peut vous asseurer le rang d'Impératrice,
Madame, & si j'en suis accepté pour époux,
Tite n'aura plus d'yeux pour d'autres que pour vous.
Est-ce vous mal servir?
DOMITIE.
      Quoy, Madame, il vous aime?
BERENICE.
Non, mais il me le dit, Madame,
DOMITIE.
      Luy?

BERENICE. Luy-mesme.
Est ce vous offenser que m'offrir vos refus,
Et vous doit-il un cœur dont vous ne voulez
    plus ?
DOMITIE.
Je ne sçay si je puis vous dire s'il m'offense,
Quand vous vous préparez à prendre sa défense.
BERENICE.
Et moy, je ne sçay pas s'il a droit de changer,
Mais je sçay que l'amour ne peut désobliger.
DOMITIE.
Du moins ce nouveau feu rend justice au mérite.
DOMITIAN.
Vous m'avez commandé de quitter qui me quitte,
Vous le sçavez, Madame, & si c'est vous trahir,
Vous m'avoûrez aussi que c'est vous obéir.
DOMITIE.
S'il échape à l'amour un mot qui le trahisse,
A l'effort qu'il se fait veut-il qu'on obéisse ?
Il cherche une révolte & s'en laisse charmer,
Vous le sçauriez, ingrat, si vous sçaviez aimer,
Et ne vous feriez pas l'indigne violence
De vous offrir ailleurs, & mesme en ma presence.
DOMITIAN à *Bérénice.*
Madame, vous voyez ce que je vous ay dit,
La preuve est convaincante, & l'éxemple suffit.
BERENICE.
Il suffit pour vous croire & non pas pour le suivre.
DOMITIE.
Allez, sous quelques loix qu'il vous plaise de vivre,
Vivez-y, j'y consens, mais vous pouviez, Seigneur,
Vous haster un peu moins de m'oster vostre cœur,
Attendre que l'honneur de ce grand Hyménée
Vous renvoyast la foy que vous m'avez donnée :

Si vous voüliez paſſer pour véritable amant,
Il falloit eſpérer juſqu'au dernier moment,
Il vous falloit... DOMITIAN.
                    Et bien, puis qu'il faut que j'eſpére,
Madame, faites grace à l'Empereur mon frére,
A la Reine, à vous-meſme enfin, ſi vous m'aimez
Autant qu'il le paroiſt à vos yeux alarmez.
Les ſcrupules d'Etat qu'il falloit mieux comba-
    tre
Aſſez & trop long-temps nous ont geſnez tous
    quatre;
Réuniſſez des cœurs de qui rompt l'union,
Cette Chimére en Tite, en vous l'ambition.
Vous trouverez au mien encor les meſmes flames
Qui dès que je vous vis charmérent nos deux ames;
Dès ce prémier moment j'adoray vos appas,
Dès ce prémier moment je ne vous déplus pas,
Ay-je épargné depuis aucuns ſoins pour vous
    plaire?
Eſt-ce un crime pour moy que l'aîneſſe d'un frére,
Et faut-il m'accabler d'un éternel ennuy,
Pour avoir veu le jour deux luſtres après luy,
Comme ſi de mon choix il dépendoit de naiſtre
Dans le temps qu'il falloit pour devenir ſon maiſ-
    tre?
  Au nom de voſtre amour, & de ce digne amant,
Madame, qui vous aime encor ſi chérement,
Prenez quelque pitié d'un amant déplorable,
Faites-la partager à cette inéxorable,
Diſſipez la fierté d'une injuſte rigueur,
Pour juge entre elle & moy je ne veux que ſon
    cœur.
Je vous laiſſe avec elle arbitre de ma vie.
Adieu, Madame. Adieu, trop aimable ennemie.

SCENE III.

BERENICE, DOMITIE, PHILON.

BERENICE.

Les intérefts du Prince avancent trop le mien,
Pour vous ofer, Madame, importuner de rien,
Et l'incivilité de la moindre priére
Sembleroit vous preffer de me rendre fon frére.
Tout ce qu'en fa faveur je croy m'eftre permis,
Après qu'à voftre cœur luy-mefme il s'eft remis,
C'eft de vous faire voir ce que hazarde une ame
Qui facrifie au rang les douceurs de fa flame,
Et quel long repentir fuit ces nobles ardeurs
Qui foumettent l'amour à l'éclat des grandeurs.

DOMITIE.

Quand les chofes, Madame, auront changé de face,
Je reviendray fçavoir ce qu'il faut que je faffe,
Et demander voftre ordre avec empreffement
Sur le choix, ou du Prince, ou de quelque autre
    Amant.
Agréez cependant un refpect qui m'améne
Vous rendre mes devoirs comme à ma Souveraine,
Car je n'ofe douter que déja l'Empereur
Ne vous ait redonné bonne part en fon cœur.
Vous avez fur vos Rois pris ce digne avantage,
D'eftre icy la premiére à rendre un jufte hom-
    mage,

Et pour vous imiter je veux avoir le bien
D'eſtre auſſi la prémiére à vous offrir le mien.
Cet éxemple qu'aux Rois vous donnez pour un homme,
J'aime pour une Reine à le donner à Rome,
Et plus il eſt nouveau, plus j'ay lieu d'eſpérer
Que de quelques bontez vous voudrez m'honorer.

BERENICE.

A vous dire le vray, ſa nouveauté m'étonne,
J'aurois eu quelque peine à vous croire ſi bonne,
Et je recevrois l'offre avec confuſion,
Si je n'y ſoupçonnois un peu d'illuſion.
  Quoy qu'il en ſoit, Madame, en cette incertitude
Qui nous met l'une & l'autre en quelque inquiétude,
Ce que je puis répondre à vos civilitez,
C'eſt de vous demander pour moy meſmes bontez,
Et que celle des deux qui ſera ſatisfaite
Traite l'autre de l'air qu'elle veut qu'on la traite.
J'ay veu Tite ſe rendre au peu que j'ay d'appas,
Je ne l'eſpére plus, & n'y renonce pas.
Il peut ſe ſouvenir dans ce grade ſublime
Qu'il ſoumit voſtre Rome en détruiſant Solyme,
Qu'en ce ſiége pour luy je hazarday mon rang,
Prodiguay mes tréſors, & mes peuples leur ſang,
Et que s'il me fait part de ſa toute-puiſſance,
Ce ſera moins un don qu'une reconnoiſſance.

DOMITIE.

Ce ſont là de grands droits, & ſi l'amour s'y joint,
Je dois craindre une cheute à n'en relever point.

Tite y peut adjouſter que je n'ay point la gloire
D'avoir ſur ma Patrie étendu ſa victoire,
De l'avoir ſaccagée & détruite à l'envy,
Et renverſé l'Autel du Dieu que j'ay ſervy.
C'eſt par là qu'il vous doit cette haute fortune ;
Mais je commence à voir que je vous importune.
Adieu, quelque autre fois nous ſuivrons ce diſ-
 cours.
BERENICE.
Je ſuis venuë icy trop toſt de quatre jours,
J'en ſuis au deseſpoir, & vous en fais excuſe.
DOMITIE.
Dans quatre jours, Madame, on verra qui s'abuſe.

SCENE IV.
BERENICE, PHILON.
BERENICE.

Quel caprice, Philon, l'améne juſqu'icy
M'expliquer elle-meſme un ſi cuiſant ſoucy ?
Tite après mon départ l'auroit-il maltraitée ?
PHILON.
Après voſtre départ il l'a ſoudain quittée,
Madame, & s'eſt défait de cet eſprit jaloux
Avec un compliment encor plus court qu'à vous.
BERENICE.
Ainſi tout eſt égal, s'il me chaſſe, il la quitte,
Mais ce peu qu'il m'a dit ne peut qu'il ne m'irrite,

COMEDIE HEROIQUE.

Il marque trop pour moy son infidélité,
Voy de ses derniers mots quelle est la dureté.
Qu'on la serve, a-t-il dit, *comme elle fut servie*
Alors qu'elle faisoit le bon-heur de ma vie.
Je ne le fais donc plus! Voila ce que j'ay craint;
Il fait en liberté, ce qu'il faisoit contraint,
Cet ordre de sortir si prompt & si sévére,
N'a plus pour s'excuser l'authorité d'un pére,
Il est libre, il est maistre, il veut tout ce qu'il fait.

PHILON.

Du peu qu'il vous a dit j'attens un autre effet.
Le trouble de vous voir auprès d'une rivale
Vouloit pour se remettre un moment d'intervalle,
Et quand il a rompu si-tost vos entretiens,
Je lisois dans ses yeux qu'il évitoit les siens,
Qu'il fuyoit l'embarras d'une telle présence.
Mais il vient à son tour prendre son audience,
Madame, & vous voyez si j'en sçay bien juger.
Songez de quelle sorte il faut le ménager.

SCENE V.

TITE, BERENICE, FLAVIAN, PHILON.

BERENICE.

ME cherchez-vous, Seigneur, après m'avoir chassée?

TITE.

Vous avez sçeu mieux lire au fond de ma pensée,

Madame, & voſtre cœur connoit aſſez le mien,
Pour me juſtifier ſans que j'explique rien.
BERENICE.
Mais juſtifira-t-il le don qu'il vous plaiſt faire
De ma propre perſonne au Prince voſtre frére ?
Et n'eſt-ce point aſſez de me manquer de foy
Sans prendre encor le droit de diſpoſer de moy ?
Pouvez-vous jusque-là me bannir de voſtre ame,
Le pourez-vous, Seigneur ?
TITE Le croyez-vous, Madame ?
BERENICE,
Hélas, que j'ay de peur de vous dire que non !
J'ay voulu vous haïr dès que j'ay ſceu ce don,
Mais à de tels couroux l'ame en vain ſe confie,
A peine je vous voy que je vous juſtifie.
Vous me manquez de foy, vous me dônez, chaſſez,
Que de crimes ! un mot les a tous effacez;
Faut-il, Seigneur, faut-il que je ne vous accuſe
Que pour dire auſſitoſt que c'eſt moy qui m'abuſe,
Que pour me voir forcée à répondre pour vous ?
Epargnez cette honte à mon dépit jaloux,
Sauvez-moy du deſordre où ma bonté m'expoſe,
Et du moins par pitié dites-moy quelque choſe :
Accuſez-moy plûtoſt, Seigneur, à voſtre tour,
Et m'imputez pour crime un trop parfait amour.
 Vos chiméres d'Etat, vos indignes ſcrupules
Ne pourront-ils jamais paſſer pour ridicules ?
En ſouffrez-vous encor la tyrannique loy ?
Ont-ils encor ſur vous plus de pouvoir que moy ?
Du bonheur de vous voir j'ay l'ame ſi ravie,
Que pour peu qu'il duraſt j'oublîrois Domitie.
Pourrez-vous l'épouſer dans quatre jours ? O
 Cieux !
Dans quatre jours ! Seigneur, y voudrez-vous mes
 yeux ?   Vous

COMEDIE HEROIQUE.

Vous plairez-vous à voir qu'en triomphe menée
Je serve de victime à ce grand Hyménée,
Que traisnée avec pompe aux marches de l'Autel
J'aille de vostre main attendre un coup mortel ?
M'y verrez-vous mourir sans verser une larme ?
Vous y préparez-vous sans trouble & sans alarme?
Et si vous concevez l'excès de de ma douleur,
N'en rejallit-il rien jusque dans vostre cœur ?

TITE.

Hélas, Madame, hélas, pourquoy vous ay-je veuë,
Et dans quel contre-temps étes-vous revenuë ?
Ce qu'on fit d'injustice à de si chers appas
M'avoit assez coûté pour ne l'envier pas,
Vostre absence & le temps m'avoient fait quelque
    grace,
J'en craignois un peu moins les malheurs où je
    passe,
Je souffrois Domitie, & d'assidus efforts
M'avoient malgré l'amour fait maistre du dehors,
La contrainte sembloit tourner en habitude,
Le joug que je prenois m'en paroissoit moins rude,
Et j'allois estre heureux, du moins aux yeux de tous,
Autant qu'on le peut estre en n'estant point à
    vous,
J'allois,...

BERENICE.

N'achevez point, c'est-là ce qui me tuë,
Et je pourrois souffrir vostre Hymen à ma veuë,
Si vous aviez choisi quelque objet sans éclat
Qui ne pûst estre à vous que par raison d'Etat,
Qui de ses grads Ayeux n'eust receu rien d'aimable,
Qui n'en eust que le nom qui fust considérable.
Il s'est assez puny de son manque de foy,
Me dirois-je, & son cœur n'en est pas moins à moy.

D

Mais Domitie est belle, elle a tout l'avantage
Qu'adjouste un vray mérite à l'éclat du visage,
Et pour vous épargner les discours superflus,
Elle est digne de vous si vous ne m'aimez plus.
Elle a toûjours charmé le Prince vostre frére,
Elle a gaigné sur vous de ne vous plus déplaire,
L'Hymen achevera de me faire oublier,
Elle aura vostre cœur & l'aura tout entier.
Seigneur, faites moy grace, épousez Sulpitie,
Ou Camille, ou Sabine, & non pas Domitie,
Choisissez en quelqu'une enfin dont le bonheur
Ne m'oste que la main, & me laisse le cœur.

TITE.

Domitie aisément souffriroit ce partage,
Ma main satisferoit l'orgueil de son courage,
Et pour le cœur, à peine il vous sçait en ces lieux,
Qu'il revient tout entier faire hômage à vos yeux.

BERENICE.

N'importe, ayez pitié, Seigneur, de ma foiblesse,
Vous avez un cœur fait à changer de maîtresse,
Vous ne sçavez que trop l'art de manquer de foy,
Ne l'éxercérez vous jamais que contre moy ?

TITE.

Domitie est le choix de Rome & de mon pére.
Ils crûrent à propos de l'oster à mon frére,
De crainte que ce cœur jeune & présomptüeux
Ne rendist téméraire un Prince impetüeux.
Si pour vous obeïr je luy suis infidelle,
Rome qui l'a choisie y consentira-t-elle ?

BERENICE.

Quoy, Rome ne veut pas, quand vous avez voulu ?
Que faites vous, Seigneur du pouvoir absolu ?
N'étes-vous dans ce trosne où tant de monde aspire
Que pour assujettir l'Empereur à l'Empire ?

Sur ses plus hauts degrez Rome vous fait la loy !
Elle affermit ou rompt le don de vostre foy !
Ah ! si j'en puis juger sur ce qu'on voit paroistre,
Vous en êtes l'esclave encor plus que le maistre.
TITE.
Tel est le triste sort de ce rang souverain,
Qui ne dispense pas d'avoir un cœur Romain ;
Ou plûtost des Romains tel est le dur caprice
A suivre obstinément une aveugle injustice,
Qui rejettant d'un Roy le nom plus que les loix,
Accepte un Empereur plus puissant que cent Rois.
C'est ce nom seul qui dône à leurs farouches haines
Cette invincible horreur qui passe jusqu'aux Rei-
Jusques à leurs époux, & vos yeux adorez [nes,
Verroient de nostre Hymen naître cent conjurez.
Encor s'il n'y falloit hazarder que ma vie,
Si ma perte aussi-tost de la vostre suivie...
BERENICE.
Non, Seigneur, ce n'est pas aux Reines côme moy
A hazarder leurs jours pour signaler leur foy.
La plus illustre ardeur de périr l'un pour l'autre
N'a rien de glorieux pour mon rang & le vostre,
L'amour de nos pareils la traite de fureur,
Et ces vertus d'amant ne sont pas d'Empereur.
Mes secours en Judée achevérent l'ouvrage
Qu'avoit des Legions ébauché le suffrage :
Il m'est trop précieux pour le mettre au hazard.
Et j'y pouvois, Seigneur, mériter quelque part,
N'estoit qu'affermissant vostre heureuse fortune,
Je n'ay fait qu'empescher qu'elle nous fût commune.
Si j'eusse eu moins pour elle ou de zèle ou de foy,
Vous seriez moins puissât, mais vous seriez à moy;
Vous n'auriez que le nom de Général d'Armée,
Mais j'aurois pour époux l'amant qui m'a charmée.

Et je posséderois dans ma Cour en repos,
Au lieu d'un Empereur, le plus grand des Héros.
TITE.
Et bien, Madame, il faut renoncer à ce titre
Qui de toute la Terre en vain me fait l'arbitre ;
Allons dans vos Etats m'en donner un plus doux,
Ma gloire la plus haute est celle d'estre à vous.
Allons où je n'auray que vous pour Souveraine,
Où vos bras amoureux seront ma seule chaisne,
Où l'Hymen en triomphe à jamais l'étreindra,
Et soit de Rome esclave & maistre qui voudra.
BERENICE.
Il n'est plus temps, ce nom si sujet à l'Envie
Ne se quitte jamais, Seigneur, qu'avec la vie,
Et des nouveaux Césars la tremblante fierté
N'ose faire de grace à ceux qui l'ont porté.
Qui la pris une fois est toûjours punissable.
Ce fut par là qu'Othon se traita de coupable ;
Par là Vitellius mérita le trépas,
Et vous n'auriez par tout qu'assassins sur vos pas.
TITE.
Que faire donc, Madame ?
BERENICE.
                        Asseurer vostre vie,
Et s'il y faut enfin la main de Domitie....
Mais, Adieu, sur ce point si vous pouvez douter,
Ce n'est pas moy, Seigneur qu'il en faut consulter.
TITE à Berenice qui se retire.
Non, Madame, & deust-il m'en couter trosne & vie,
Vous ne me verrez point épouser Domitie.
  Ciel, si vous ne voulez qu'elle régne en ces lieux.
Que vous m'étes crüel de la rendre à mes yeux !

Fin du troisiesme Acte.

COMEDIE HEROIQUE.

ACTE IV.
SCENE PREMIERE.
BERENICE, PHILON.
BERENICE.

Vez-vous sceu Philon, quel bruit
    & quel murmure
Fait mon retour à Rome en cette
    conjončture?
PHILON.
Ouy, Madame, j'ay veu presque tous vos amis,
Et sceu d'eux quel espoir vous peut estre permis.
Il est peu de Romains qui panchent la balance
Vers l'extrême hauteur ou l'extrême indulgen-
    ce;
La plufpart d'eux embrasse un advis modéré,
Par qui vostre retour n'est pas des-honoré,
Mais à l'Hymen de Tite il vous ferme la porte.
La fiére Domitie est par tout la plus forte,
La vertu de son pére, & son illustre sang
A son ambition asseure ce haut rang,
Il est peu sur ce point de voix qui se divisent,
Madame, & quant à vous, voicy ce qu'ils en disent.
  Elle a bien servy Rome, il le faut avoüer,
 L'Empereur & l'Empire ont lieu de s'en loüer,

D iij

On luy doit des honneurs, des titres sans exemples :
Mais enfin elle est Reine, elle abhorre nos Temples,
Et sert un Dieu jaloux qui ne peut endurer
Qu'aucun autre que luy se fasse révérer,
Elle traite à nos yeux les nostres de fantosmes.
On peut luy prodiguer des villes, des Royaumes,
Il est des Rois pour elle, & déja Polémon
De ce Dieu qu'elle adore invoque le seul nom,
Des nostres pour luy plaire il dédaigne le culte,
Qu'elle règne avec luy sans nous faire d'insulte.
Si ce trosne & le sien ne luy suffisent pas,
Rome est preste d'y joindre encor d'autres Etats,
Et de faire éclater avec magnificence
Un juste & plein effet de sa reconnoissance.

BERENICE,

Qu'elle répande ailleurs ces effets éclatans,
Et ne m'enléve point le seul où je prétens.
Elle n'a point de part en ce que je mérite,
Elle ne me doit rien, je n'ay servy que Tite :
Si j'ay veu sans douleur mon pays désolé,
C'est à Tite, à luy seul que j'ay tout immolé.
Sans luy, sans l'espérance à mon amour offerte,
J'aurois servy Solyme, ou péry dans sa perte,
Et quand Rome s'efforce à m'arracher son cœur,
Elle sert le couroux d'un Dieu juste vangeur.
Mais achevez, Philon, ne dit-on autre chose ?

PHILON.

On parle des périls où vostre amour l'expose.
De cet Hymen, dit-on, les nœuds si desirez
Serviront de prétexte à mille conjurez,
Ils pourront soulever jusqu'à son propre frére.
Il se voulut jadis cantonner contre un pére,
N'eust été Mucian qui le tint dans Lyon
Il se faisoit le Chef de la rebellion,

COMEDIE HEROIQUE.

Avouoit Civilis, appuyoit ses Bataves,
Des Gaulois belliqueux soulevoit les plus braves,
Et les deux bords du Rhin l'auroient pour Empereur,
Pour peu qu'eust Céréal écouté sa fureur.
Il aime Domitie, & règne dans son ame,
Si Tite ne l'épouse, il en fera sa femme,
Vous sçavez de tous deux quelle est l'ambition,
Jugez ce qui peut suivre une telle union.

BERENICE.
Ne dit-on rien deplus?

PHILON.
Ah! Madame, je tremble
A vous dire encor...

BERENICE.
Quoy?

PHILON.
Que le Senat s'assemble.

BERENICE.
Quelle est l'occasion qui le fait assembler?

PHILON.
L'occasion n'a rien qui vous doive troubler,
Et ce n'est qu'à dessein de pourvoir aux dommages,
Que du Vésuve ardent ont causé les ravages;
Mais Domitie aura des amis, des parens,
Qui pourront bien après vous mettre sur les rangs.

BERENICE.
Quoy que sur mes destins ils usurpent d'empire,
Je ne voy pas leur maistre en état d'y souscrire.
Philon, laissons-les faire; Ils n'ont qu'à me bannir,
Pour trouuer hautement l'art de me retenir,
Contre toutes leurs voix je ne veux qu'un suffrage,
Et l'ardeur de me nuire achévera l'ouvrage.
Ce n'est pas qu'en effet la gloire où je prétens
N'offre trop de prétexte aux esprits mécontens.

Je ne puis jetter l'œil sur ce que je suis née
Sans voir que de périls suivront cet Hyménée.
Mais pour y parvenir s'il faut trop hazarder,
Je veux donner le bien que je n'ose garder;
Je veux du moins, je veux céter à ma rivale
Ce miracle vivant, cette ame sans égale,
Qu'en dépit des Romains leur digne Souverain,
S'il prend une moitié, la prenne de ma main,
Et pour tout dire enfin, je veux que Bérénice
Ait une créature en leur Impératrice;
   Je voy Domitian, contre tous leurs Arrests
Il n'est pas mal aisé d'unir nos intérests.

SCENE II.

DOMITIAN, BERENICE, PHILON, ALBIN.

BERENICE.

Auriez-vous au Sénat, Seigneur, assez de brigue,
Pour combatre & confondre une insolente ligue?
S'il ne s'assemble pas exprès pour m'exiler,
J'ay quelqu'envieux qui pourront en parler.
L'éxil m'importe peu, j'y suis accoustumée;
Mais vous perdez l'objet dont vostre ame est charmée :
L'audacieux decret de mon bannissement
Met vostre Domitie aux bras d'un autre amant,
Et vous pourrez juger que s'il faut qu'on m'éxile
Sa conqueste pour vous n'en est pas plus facile.
                                Voyez

COMÉDIE HEROIQUE.   49
Voyez si vostre amour se veut laisser ravir
Cet unique secours qui pouvoit le servir.
        DOMITIAN.
On en pourra parler, Madame, & mon ingrate
En a déja conceu quelque espoir qui la flate ;
Mais je puis dire aussi que le rang que je tiens
M'a fait assez d'amis pour opposer aux siens,
Et que si dès l'abord ils ne les font pas taire,
Ils rompront le grand coup qui seul nous peut dé-
    plaire.
Non, que tout cet espoir ne coure grand hazard,
Si vostre amant volage y prend la moindre part,
On l'aime, & si son ordre à nos amis s'oppose,
Leur plus fidelle ardeur osera peu de chose.
        BERENICE.
Ah, Prince! je mourray de honte & de douleur,
Pour peu qu'il contribuë à faire mon malheur :
Mais je n'ay qu'à le voir pour calmer ces alarmes.
        DOMITIAN.   [mes,
Ny perdez point de temps portez y tous vos char-
N'en oubliez aucun dans un péril si grand.
Peut-estre ainsi que vous ce dessein le surprend ;
Mais je crains qu'après tout son ame irrésoluë
Ne relasche un peu trop sa puissance absoluë,
Et ne laisse au Sénat décider de ses vœux,
Pour se faire une excuse envers l'une des deux.
        BERENICE.
Quelques efforts qu'on fasse, & quelque art qu'on
    déploye,
Je vous répons de tout, pourveu que je le voye,
Et je ne croy pas mesme au pouvoir de vos Dieux
De luy faire épouser Domitie à mes yeux.
Si vous l'aimez encor, ce mot vous doit suffire.
Quant au Sénat, qu'il m'oste ou me dône l'Empire,
                    E

Je ne vous diray point à quoy je me résous.
Voicy vostre inconstante. Adieu, pensez à vous.

SCENE III.

DOMITIAN, DOMITIE, ALBIN, PLAUTINE.

DOMITIE.

PRince, si vous m'aimez, l'occasion est belle.
DOMITIAN.
Si je vous aime ? Est-il un amant plus fidelle ?
Mais, Madame, sçachons ce que vous souhaitez.
DOMITIE.
Vous me servirez mal, puisque vous en doutez.
L'amant digne du cœur de la beauté qu'il aime
Sçait mieux ce qu'elle veut que ce qu'il veut luy-mesme.
Mais puisque j'ay besoin d'expliquer mon courroux,
J'en veux à Bérénice, à l'Empereur, à vous.
A luy, qui n'ose plus m'aimer en sa présence,
A vous, qui vous mettez de leur intelligence,
Et dont tous les amis vont servir un amour
Qui me rend à vos yeux la Fable de la Cour.
Si vous m'aimez, Seigneur, il faut sauver ma gloire,
M'asseurer par vos soins une pleine victoire.
Il faut.... DOMITIAN.
Si vous croyez vostre bonheur douteux,
Vostre retour vers moy seroit-il si honteux ?
Suis-je indigne de vous ? suis-je si peu de chose,
Que toute vostre gloire à mon amour s'oppose ?

COMEDIE HEROIQUE.
Ne voit-on plus en moy ce que vous estimiez,
Et suis-je moindre enfin qu'alors que vous m'aimiez?
DOMITIE.
Non, mais un autre espoir va m'accabler de honte,
Quand le trosne m'attend, si Bérénice y monte.
Délivrez-en mes yeux, & prétez-moy la main
Du moins à soûtenir l'honneur du nom Romain.
De quel œil verrez-vous qu'une Reine étrangére..
DOMITIAN.
De l'œil dont je verrois que l'Empereur mon frére
En prist d'autres pour vous, ranimast mon espoir,
Et pour se rendre heureux usast de son pouvoir.
DOMITIE.
Ne vous y trompez pas, s'il me donne le change,
Je ne suis point à vous, je suis à qui me vange,
Et trouveray peut-estre à Rome assez d'appuy
Pour me vanger de vous aussi-bien que de luy.
DOMITIAN.
Et c'est du nom Romain la gloire qui vous touche,
Madame? & vous l'avez au cœur comme en la bouche?
Ah, que le nom de Rome est un nom précieux
Alors qu'en la servant on se sert encor mieux,
Qu'avec nos intérests ce grand devoir conspire,
Et que pour récompense on se promet l'Empire!
Parlons à cœur ouvert, Madame, & dites-moy
Quel fruit je dois attendre enfin d'un tel employ.
DOMITIE.
Voulez-vous pour servir estre seur du salaire,
Seigneur, & n'avez-vous qu'un amour mercénaire?

E ij

TITE ET BERENICE.
DOMITIAN.
Je n'en connoy point d'autre, & ne conçoy pas bien
Qu'un amant puisse plaire en ne prétendant rien.
DOMITIE.
Que ces prétensions sentent les ames basses !
DOMITIAN.
Les Dieux à qui les sert font espérer des graces.
DOMITIE.
Les éxemples des Dieux s'appliquent mal sur nous.
DOMITIAN.
Je ne veux donc, Madame, autre éxemple que vous.
N'attendez-vous de Tite, & n'avez-vous pour Tite
Qu'une stérile ardeur qui s'attache au mérite ?
De vos destins aux siens pressez-vous l'union
Sans vouloir aucun fruit de tant de passion ?
DOMITIE.
Peut estre en ce dessein ne suis-je intéressée
Que par l'intérest seul de ma gloire blessée :
Croyez-moy généreuse, & soyez généreux,
N'aimez plus, ou n'aimez que comme je le veux,
Ie sçay ce que je dois à l'amant qui m'oblige,
Mais j'aime qu'on l'attende, & non-pas qu'on l'éxige,
Et qui peut immoler son intérest au mien
Peut se promettre tout de qui ne promet rien.
Peut-estre qu'en l'état où je suis avec Tite,
Je veux bien le quitter, mais non pas qu'il me quitte :
Vous en dis-je trop peu pour vous l'imaginer ?
Et depuis quand l'amour n'ose-t-il deviner ?

COMEDIE HEROIQUE. 53
Tous mes emportemens pour la grandeur suprême
Ne vous déguisent point, Seigneur, que je vous aime,
Et l'on ne voit que trop quel droit j'ay de haïr
Un Empereur sans foy qui meurt de me trahir.
Me condamnerez-vous à voir que Bérénice
M'enléve de hauteur le rang d'Impératrice ?
Luy pourrez-vous aider à me perdre d'honneur ?
DOMITIAN.
Ne pouvez-vous le mettre à faire mon bonheur?
DOMITIE.
J'ay quelque orgueil encor, Seigneur, je le confesse,
De tout ce qu'il attend rendez-moy la maîtresse ;
Et laissez à mon choix l'effet de vostre espoir :
Que ce soit une grace, & non-pas un devoir,
Et que....
DOMITIAN.
   Me faire grace après tant d'injustice !
De tant de vains détours je voy trop l'artifice,
Et ne sçaurois douter du choix que vous ferez,
Quand vous aurez par moy ce que vous espérez.
Epousez, j'y consens, le rang de Souveraine,
Faites l'Impératrice en donnant une Reine,
Disposez de sa main, & pour prémiére loy,
Madame, ordonnez-luy d'abaisser l'œil sur moy.
DOMITIE.
Cet objet de ma haine a pour vous quelque charme !
DOMITIAN.
Son nom seul prononcé vous a mise en alarme !
Me puis-je mieux vanger, si vous me trahissez,
Que d'aimer à vos yeux ce que vous haïssez ?

E iij

DOMITIE.
Parlons à cœur ouvert. Aimez-vous Bérénice?
DOMITIAN.
Autant qu'il faut l'aimer pour vous faire un supplice.
DOMITIE.
Ce sera donc le vostre encor plus que le mien,
Après cela, Seigneur; je ne vous dy plus rien.
S'il n'a pas pour vostre ame une assez rude gesne,
J'y puis joindre au besoin une implacable haine.
DOMITIAN.
Et moy, deuft à jamais croistre ce grand couroux,
J'épouseray, Madame, ou Bérénice, ou vous.
DOMITIE.
Ou Bérénice, ou moy? La chose est donc égale,
Et vous ne m'aimez plus qu'autant que ma rivale!
DOMITIAN.
La douleur de vous perdre, hélas...
DOMITIE.
C'en est assez;
Nous verrons cet amour dont vous nous ménacez,
Cependant si la Reine aussi fiére que belle
Sçait comme il faut répondre aux vœux d'un infidelle,
Ne me rapportez point l'objet de son dédain,
Qu'elle n'ait repassé les rives du Jourdain.

COMEDIE HEROIQUE.

SCENE IV.
DOMITIAN, ALBIN.

DOMITIAN.

Admire ainsi que moy de quelle jalousie
Au seul nom de la Reine elle a paru saisie,
Comme s'il importoit à ses heureux appas
A qui je donne un cœur dont elle ne veut pas.

ALBIN. [mes.

Seigneur, telle est l'humeur de la pluspart des fem-
L'amour sous leur empire eust-il rangé mille ames,
Elles regardent tout comme leur propre bien,
Et ne peuvent souffrir qu'il leur échape rien.
Un captif mal gardé leur semble une infamie,
Qui l'ose recevoir devient leur ennemie,
Et sans leur faire un vol on ne peut disposer
D'un cœur qu'un autre choix les force à refuser :
Elles veulent qu'ailleurs par leur ordre il soupire,
Et qu'un don de leur part marque un reste d'empi-
re.
Domitie a pour vous ces communs sentimens
Que les fiéres beautez ont pour tous leurs amans,
Et craint, si vostre main se donne à Bérénice,
Qu'elle ne porte en vain le nom d'Impératrice,
Quand d'un costé l'Hymen, & de l'autre l'amour
Feront à cette Reine un Empire en sa Cour.
Voilà sa jalousie, & ce qu'elle redoute,
Seigneur. Pour le Sénat, n'en soyez point en doute,

E iiij

Il aime l'Empereur, & l'honore à tel point,
Qu'il servira sa flâme, ou n'en parlera point.
Pour le stupide Claude il eut bien la bassesse
D'authoriser l'Hymen de l'oncle avec la niepce;
Il ne fera pas moins pour un Prince adoré,
Et je l'y tiens déja, Seigneur, tout préparé.
DOMITIAN.
Tu parles du Sénat, & je veux parler d'elle,
De l'ingrate qu'un trosne a renduë infidelle.
N'est-il point de moyens, ne vois-tu point de jour
A mettre enfin d'accord sa gloire & son amour?
ALBIN.
Tout dépendra de Tite, & du secret office
Qu'il peut dans le Sénat rendre à sa Bérénice ;
L'air dont il agira pour un espoir si doux
Tournera l'Assemblée ou pour ou contre vous,
Et si sa Politique à vos amis s'oppose,
Vous l'avez dit vous-mesme, ils pourront peu de chose.
Sondez ses sentimens, & réglez-vous sur eux :
Vostre bonheur est seur, s'il consent d'estre heureux.
Que si son choix balance, ou flate mal le vostre,
Demandez Bérénice afin d'obtenir l'autre :
Vous l'avez déja veu sensible à de tels coups,
Et c'est un grand ressort qu'un peu d'amour jaloux.
Au moindre empressement pour cette belle Reine
Il vous fera justice, & reprendra sa chaisne.
Songez à pénétrer ce qu'il a dans l'esprit,
Le voicy.
DOMITIAN.
Je suivray ce que ton zéle en dit;

SCENE V.

TITE, DOMITIAN, FLAVIAN, ALBIN.

TITE.

Avez-vous regagné le cœur de voſtre ingrate,
Mon frére?
DOMITIAN.
Sa fierté de plus en plus éclate,
Voyez s'il fut jamais orgueil pareil au ſien,
Il veut que je la ſerve, & ne prétende rien,
Que j'appuye en l'aimant toute ſon injuſtice,
Que je faſſe de Rome éxiler Bérénice.
Mais, Seigneur, à mon tour puis-je vous demander
Ce qu'à vos plus doux vœux il vous plaiſt d'accorder?
TITE.
J'auray peine à bannir la Reine de ma veuë.
Par quels ordres, grands Dieux, eſt-elle revenuë?
Je ſouffrois, mais enfin je vivois ſans la voir,
J'allois…
DOMITIAN.
N'avez-vous pas un abſolu pouvoir,
Seigneur?
TITE.
Ouy, mais j'en ſuis contable à tout le monde,
Comme dépoſitaire il faut que j'en réponde,
Un Monarque a ſouvent des loix à s'impoſer,
Et qui veut pouvoir tout, ne doit pas tout oſer.
DOMITIAN.
Que refuſerez-vous aux deſirs de voſtre ame,
Si le Sénat approuve une ſi belle flâme?

TITE ET BERENICE.
TITE.
Qu'il parle du Vésuve, & ne se mesle pas
De jetter dans mon ame un nouvel embarras.
Est-ce à luy d'abuser de mon inquiétude,
Jusqu'à mettre une borne à son incertitude ?
Et s'il ose en mon choix prendre quelque intérest,
Me croit-il en état d'en croire son Arrest ?
S'il éxile la Reine, y pourray-je souscrire ?
DOMITIAN.
S'il parle en sa faveur, pourrez-vous l'en dédire ?
Ah, que je vous plaindrois d'avoir si peu d'amour!
TITE.
J'en ay trop, & le mets peut estre trop au jour.
DOMITIAN.
Si vous en aviez tant, vous auriez peu de peine
A faire rendre Domitie à sa prémiére chaisne.
TITE.
Ah, s'il ne s'agissoit que de vous la céder
Vous auriez peu de peine à me persuader,
Et pour vous rendre heureux me rendre à Béré-
nice
Ne seroit pas vous faire un fort grand sacrifice.
Il y va de bien plus, DOMITIAN.
De quoy, Seigneur ?
TITE. De tout.
Il y va d'épouser sa haine jusqu'au bout,
D'en suivre la furie, & d'estre le ministre
De ce qu'un noir dépit conçoit de plus sinistre,
Et peut-estre l'aigreur de ces inimitiez
Voudra que je vous perde, ou que vous me per-
diez.
Voilà ce qui peut suivre un si doux Hyménée.
Vous voyez dans l'orgueil Domitie obstinée :

COMEDIE HEROIQUE. 59
Quand pour moy cet orgueil ose vous dédaigner,
Elle ne m'aime pas, elle cherche à régner ;
Avec-vous, avec-moy, n'importe la maniére,
Tout plairoit à ce prix à son humeur altiére,
Tout seroit digne d'elle, & le nom d'Empereur
A mon assassin mesme attacheroit son cœur.
DOMITIAN.
Pouvez-vous mieux choisir un frein à sa colére,
Seigneur, que de la mettre entre les mains d'un
   frére ?
TITE.
Non, je ne puis la mettre en de plus seures mains,
Mais plus vous m'êtes cher, Prince, & plus je vous
   crains.
De ceux qu'unit le sang plus douces sont les chaîs-
   nes,
Plus leur desunion met d'aigreur dans leurs haines,
L'offense en est plus rude, & le couroux plus grand,
La suite plus barbare, & l'effet plus sanglant,
La Nature en fureur s'abandonne à tout faire,
Et cinquante ennemis sont moins haïs qu'un frére.
 Je ne réveille point des soupçons assoupis,
Et veux bien oublier le temps de Civilis,
Vous étiez encor jeune, & sans vous bien cônoistre
Vous pensiez n'estre né que pour vivre sans mais-
   tre :
Mais les occasions renaissent aisément,
Une femme est flateuse, un Empire est charmant,
Et comme avec plaisir on s'en laisse surprendre,
On néglige bien-tost les soins de s'en défendre,
Croyez-moy, séparez vos intérests des siens.
DOMITIAN.
Et bien, j'en briseray les dangereux liens,

Pour voſtre ſeureté j'accepte ce ſupplice ;
Mais pour m'en conſoler donnez-moy Bérénice :
Deuſt le Sénat, deuſt Rome en frémir de couroux,
Vous n'oſez l'épouſer, j'oſeray plus que vous.
Je l'aime, & l'aimeray ſi voſtre ame y renonce.
Quoy, n'oſez vous, Seigneur, me faire de réponſe ?
TITE.
Se donne-t-elle à vous, & ne tient-il qu'à moy ?
DOMITIAN.
Elle a droit d'imiter qui luy manque de foy.
TITE.
Elle n'en a que trop, & toutefois je doute
Que ſon amour trahy prenne la meſme route.
DOMITIAN.
Mais ſi pour ſe vanger elle répond au mien ?
TITE.
Epouſez-la, mon frére, & ne m'en dites rien.
DOMITIAN.
Et ſi je regagnois l'eſprit de Domitie ?
Si pour moy ſa fierté ſe montroit adoucie ?
Si mes vœux, ſi mes ſoins en étoient mieux receus,
Seigneur ?   *TITE en rentrant.*
Epouſez-la ſans m'en parler non plus.
DOMITIAN.
Allons, & malgré luy rendons luy Bérénice.
Albin, de nos projets ſon amour eſt complice,
Et puis qu'il l'aime aſſez pour en eſtre jaloux,
Malgré l'ambition Domitie eſt à nous.

Fin du quatrieſme Acte.

ACTE V.

SCENE PREMIERE.

TITE, FLAVIAN.

TITE.

AS-TU veu Bérénice? aime-t-elle mon
　frére,
Et se plaist-elle à voir qu'il tasche de
　luy plaire?
Me la demande-t-il de son consente-
ment?

FLAVIAN.

Ne la soupçonnez point d'un si bas sentiment;
Elle n'en peut souffrir, non pas mesme la feinte.

TITE.

As-tu veu dans son cœur encor la mesme atteinte?

FLAVIAN.

Elle veut vous parler, c'est tout ce que j'en sçay.

TITE.

Faut-il de son pouvoir faire un nouvel essay!

FLAVIAN.

M'en croirez-vous, Seigneur, évitez sa présence,
Ou mettez-vous contre-elle un peu mieux en dé-
　fense.

Quel fruit espérez-vous de tout son entretien ?
TITE.
L'en aimer davantage, & ne résoudre rien.
FLAVIAN.
L'irrésolution doit-elle estre éternelle ?
Vous ne me dites plus que Domitie est belle,
Seigneur, vous qui disiez que ses seules beautez
Vous peuvent consoler de ce que vous quittez,
Qu'elle seule en ses yeux porte dequoy contrain-
dre
Vos feux à s'assoupir, s'ils ne peuvent s'éteindre.
TITE.
Je l'ay dit, il est vray, mais j'avois d'autres yeux,
Et je ne voyois pas Bérénice en ces lieux.
FLAVIAN.
Quand aux feux les plus beaux un Monarque dé-
fére
Il s'en fait un plaisir, & non pas une affaire,
Et regarde l'amour comme un lasche attentat
Dès qu'il veut prévaloir sur la raison d'Etat.
Son grand cœur au dessus des plus dignes amor-
ces
A ces devoirs pressans laisse toutes leurs forces,
Et son plus doux espoir n'ose luy demander
Ce que sa Dignité ne luy peut accorder.
TITE.
Je sçay qu'un Empereur doit parler ce langage,
Et quand il l'a fallu, j'en ay dit davantage ;
Mais de ces duretez que j'étale à regret
Chaque mot à mon cœur couste un soupir secret,
Et quand à la raison j'accorde un tel empire,
Je le dis seulement, parce qu'il le faut dire,
Et qu'étant au dessus de tous les Potentats
Il me seroit honteux de ne le dire pas.

Dequoy s'enorgueillit un Souverain de Rome,
Si par respect pour elle il doit cesser d'estre hom-
 me
Eteindre un feu qui plaist, ou ne le ressentir
Que pour s'en faire honte, & pour le démentir ?
Cette toute-puissance est bien imaginaire
Qui s'asservit soi-mesme à la peur de déplaire,
Qui laisse au goust public régler tout ses projets,
Et prend le plus haut rang pour craindre ses Sujets,
Je ne me donne point d'empire sur leurs ames,
Je laisse en liberté leurs soupirs, & leurs flames,
Et quand d'un bel objet j'en voy quelqu'un
 charmé,
J'applaudis au bonheur d'aimer & d'estre aimé.
Quand je l'obtiens du Ciel, me portent-ils envie ?
Qu'ont d'amer pour eux tous les douceurs de ma
 vie ?
Et par quel interest....
           FLAVIAN.
              Ils perdroient tout en vous;
Vous faites le bonheur & le salut de tous,
Seigneur, & l'Univers de qui vous étes l'ame...
            TITE.
Ne perds plus de raisons à combatre ma flame,
Les yeux de Bérénice inspirent des avis,
Qui persuadent mieux que tout ce que tu dis.
           FLAVIAN.
Ne vous exposez donc qu'à ceux de Domitie.
            TITE.
Je n'ay plus Flavian que quatre jours de vie,
Pourquoy prens-tu plaisir à les tirannifer ?
           FLAVIAN.
Mais vous sçavez qu'il faut la perdre, ou l'épou-
 ser ?

TITE.

En vain donc à ses vœux tout mon amour s'oppose,
Périr ou faire un crime est pour moy mesme chose.
Laissons luy toutefois soulever des mutins,
Hazardons sur la foy de nos heureux Destins,
Ils m'ont promis la Reine, & doivent à ses charmes
Tout ce qu'ils ont soumis à l'effort de mes armes.
Par elle j'ay vaincu, pour elle il faut périr.

FLAVIAN.

Seigneur....

TITE.

Ouy, Flavian, c'est à faire à mourir.
La vie est peu de chose, & tost ou tard, qu'importe
Qu'un traistre me l'arrache, ou que l'âge l'emporte?
Nous mourrons à toute heure, & dans le plus doux sort
Chaque instant de la vie est un pas vers la mort.

FLAVIAN.

Flatez mieux les desirs de vostre ambitieuse,
Et ne la changez pas de fiére en furieuse.
Elle vient vous parler.

TITE.

Dieux, quel comble d'ennuis!

SCENE II.

SCENE II.

TITE, DOMITIE, FLAVIAN, PLAUTINE.

DOMITIE.

JE viens sçavoir de vous, Seigneur, ce que je suis.
J'ay vostre foy pour gage, & mes Ayeux pour marques
Du grand droit de prétendre au plus grand des Monarques,
Mais Bérénice est belle, & des yeux si puissans
Renversent aisément des droits si languissans.
Ce grand jour qui devoit unir mon sort au vostre
Servira t'il, Seigneur, au triomphe d'une autre?

TITE.

J'ay quatre jours encor pour en délibérer,
Madame, jusque là laissez moy respirer.
C'est peu de quatre jours pour un tel sacrifice;
Et s'il faut à vos droits immoler Bérénice,
Je ne vous répons pas que Rome & tous vos droits
Puissent en quatre jours m'en imposer les loix.

DOMITIE.

Il n'en faudroit pas tant, Seigneur, pour vous ré-
A lancer sur ma teste un dernier coup de foudre, { foudre
Si vous ne craigniez point qu'il rejaillist sur vous.

TITE.

Suspendez quelque temps encor ce grand couroux,
Puis-je étouffer si-tost une si belle flame?

DOMITIE.

Quoy, vous ne pouvez pas ce que peut une femme?

Que vous me rendez mal ce que vous me devez !
J'ay brisé de beaux fers, Seigneur, vous le sçavez,
Et mon ame sensible à l'amour comme une autre
En étouffe un, peut-estre aussi fort que le vostre.

TITE.

Peut-estre auriez-vous peine à le bien étoufer,
Si vostre ambition n'en sçavoit triompher.
Moy qui n'ay que les Dieux au dessus de ma teste,
Qui ne voy plus de rang digne de ma conqueste,
Du trosne où je me sieds, puis-je aspirer à rien
Qu'à posséder un cœur qui n'aspire qu'au mien ?
C'est là de mes pareils la noble inquietude,
L'ambition remplie y jette leur étude,
Et si-tost qu'à prétendre elle n'a plus de jour,
Elle abandonne un cœur tout entier à l'amour.

DOMITIE.

Elle abandonne ainsi le vostre à cette Reine
Qui cherche une grandeur encor plus souveraine.

TITE.

Non, Madame, & je veux que vous sortiez d'er-
 reur.
Bérénice aime Tite, & non-pas l'Empereur,
Elle en veut à mon cœur, & non-pas à l'Empire

DOMITIE.

D'autres avoient déja pris soin de me le dire,
Seigneur, & vostre Reine a le goust délicat,
De n'en vouloir qu'au cœur, & non-pas à l'éclat.
Cet amour épuré que Tite seul luy donne
Renonceroit au rang pour estre à la personne :
Mais on a beau, Seigneur, raffiner sur ce point,
La personne & le rang ne se separent point.
Sous les tendres brillans de cette noble amorce
L'ambition cachée attaque, presse, force,

Par là de ses projets elle vient mieux à bout,
Elle ne pretend rien, & s'empare de tout,
L'Art est grand, mais en fin je ne sçay s'il merite
La bouche d'une Reine & l'oreille de Tite.
Pour moy, j'aime autrement, & tout me charme en vous,
Tout m'en est précieux, Seigneur, tout m'en est doux,
Je ne sçai point si j'aime, ou l'Empereur, ou Tite,
Si je m'attache au rang, ou n'en veux qu'au merite,
Mais je sçay qu'en l'état où je suis aujourd'huy
J'applaudis à mon cœur de n'aspirer qu'à luy.

TITE.

Mais me le donnez vous tout ce cœur qui n'aspire,
En se tournant vers moy, qu'aux honneurs de l'Empire ?
Suit-il l'ambition en dépit de l'amour,
Madame ? la suit-il sans espoir de retour ?

DOMITIE.

Si c'est à mon égard ce qui vous inquiéte,
Le cœur se rend bien-tost quand l'ame est satisfaite,
Nous le défendons mal de qui remplit nos vœux,
Un moment dans le trosne éteint tous autres feux,
Et donner tout ce cœur souvent ce n'est que faire
D'un tresor invisible un don imaginaire.
A l'amour vraiment noble il suffit du dehors,
Il veut bien du dedans ignorer les ressorts,
Il n'a d'yeux que pour voir ce qui s'offre à la veuë,
Tout le reste est pour eux une terre inconnuë,
Et sans importuner le cœur d'un Souverain,
Il a tout ce qu'il veut quand il en a la main.
Ne m'ostez pas la vostre, & disposez du reste,
Le cœur a quelque chose en soy de tout céleste,

Il n'appartient qu'aux Dieux, & comme c'est leur choix,
Je ne veux point, Seigneur, attenter sur leurs droits.
TITE.
Et moy qui suis des Dieux la plus visible image,
Je veux ce cœur comme eux, & j'en veux tout l'hommage.
Mais vous n'en avez plus, Madame, à me donner,
Vous ne voulez ma main que pour vous couroner,
D'autres pourront un jour vous rendre ce service!
Cependant, pour régler le sort de Bérénice,
Vous pouvez faire agir vos amis au Sénat,
Ils peuvent m'y nommer lasche, parjure, ingrat,
J'attendray son Arrest, & le suivray peût-estre.
DOMITIE.
Suivez le, mais tremblez s'il flate trop son maistre.
Ce grand corps tous les ans, change d'ame & de cœurs,
C'est le mesme Sénat & d'autres Sénateurs.
S'il alla pour Néron jusqu'à l'idolatrie,
Il le traita depuis de traistre à sa Patrie,
Et réduisit ce Prince indigne de son rang
A la nécessité de se percer le flanc.
Vous êtes son amour, craignez d'estre sa haine
Aprés l'indignité d'épouser une Reine.
Vous avez quatre jours pour en délibérer,
J'attens le coup fatal que je ne puis parer,
Adieu, si vous l'osez, contentez vostre envie,
Mais en m'ostant l'honneur, n'épargnez pas ma vie.

SCENE III.

TITE, FLAVIAN.

TITE.

L'Impétueux esprit ! conçois-tu, Flavian,
Où pourroient ses fureurs porter Domitian ?
Et de quelle importance est pour moy l'Hyménée
Où par tous mes désirs je la sens condamnée ?
FLAVIAN.
Je vous l'ay déja dit, Seigneur, pensez-y bien ;
Et sur tout de la Reine évitez l'entretien,
Redoutez.. mais elle entre, & sa moindre ten-
    dresse
De toutes nos raisons va montrer la foiblesse.

SCENE IV.

TITE, BERENICE, PHILON, FLAVIAN.

TITE.

ET bien, Madame, & bien, faut-il tout hazar-
    der,
Et venez vous icy pour me le commander ?
BERENICE.
De ce qui m'est permis je sçay mieux la mesure,

Seigneur, & j'ay pour vous une flâme trop pure,
Pour vouloir en faveur d'un zéle ambitieux
Mettre au moindre péril des jours si précieux.
Quelque pouvoir sur moy que nostre amour ob-
 tienne,
J'ay soin de vostre gloire, ayez-en de la mienne.
Je ne demande plus que pour de si beaux feux,
Vostre absolu pouvoir hazarde un JE LE VEUX,
Cet amour le voudroit, mais comme je suis Reine,
Je sçay des Souverains la raison souveraine.
Si l'ardeur de vous voir l'a voulüe ignorer,
Si mon indigne éxil s'est permis d'espérer,
Si j'ay rentré dans Rome avec quelque impru-
 dence,
Tite à ce trop d'ardeur doit un peu d'indulgence.
Souffrez qu'un peu d'éclat pour prix de tant d'a-
 mour
Signale ma venuë & marque mon retour.
Voudrez-vous que je parte avec l'ignominie
De ne vous avoir veu que pour me voir bannie?
Laissez-moy la douceur de languir en ces lieux,
D'y soupirer pour vous, d'y mourir à vos yeux,
C'en sera bien-tost fait, ma douleur est trop vive
Pour y tenir long-temps vostre attente captive,
Et si je tarde trop à mourir de douleur,
J'iray loin de vos yeux terminer mon malheur.
Mais laissez m'en choisir la funeste journée,
Et du moins jusques-là, Seigneur, point d'Hymé-
 née.
Pour vostre ambitieuse avez-vous tant d'amour,
Que vous ne le puissiez différer d'un seul jour?
Pouvez vous refuser à ma douleur profonde!..

TITE.

Hélas, que voulez-vous, que la mienne réponde,

Et que puis-je réfoudre alors que vous parlez,
Moy qui ne puis vouloir que ce que vous voulez ?
Vous parlez de languir, de mourir à ma veuë,
Mais, ô Dieux! fongez-vous que chaque mot me tuë,
Et porte dans mon cœur de fi fenfibles coups,
Qu'il ne m'en faut plus qu'un pour mourir avant vous ?
De ceux qui m'ont percé fouffrez que je foupire,
Pourquoy partir, Madame, & pourquoy me le dire ?
Ah, fi vous vous forcez d'abandonner ces lieux,
Ne m'aſſaſſinez point de vos cruels Adieux.
Je vous fuivrois, Madame, & flaté de l'idée
D'ofer mourir à Rome & revivre en Judée,
Pour aller de mes feux vous demander le fruit,
Je quitterois l'Empire & tout ce qui leur nuit.
        BERENICE.
Daigne me préferver le Ciel …
        TITE.
            Dequoy, Madame ?
        BERENICE.
De voir tant de foibleſſe en une fi grande ame.
Si j'avois droit par là de vous moins eſtimer,
Je ceſſerois peut-eſtre auſſi de vous aimer.
        TITE.
Ordonnez donc enfin ce qu'il faut que je faſſe.
        BERENICE.
S'il faut partir demain, je ne veux qu'une grace ;
Que ce foit vous, Seigneur, qui le veuilliez pour moy,
Et non voſtre Sénat qui m'en faſſe la loy.
Faites-luy fouvenir, quoy qu'il craigne, ou pro-jette,
Que je fuis fon amie, & non-pas fa Sujette,

TITE ET BERENICE.

Que d'un tel attentat noſtre rang eſt jaloux,
Et que tout mon amour ne m'aſſervit qu'à vous.
TITE.
Mais peut-eſtre, Madame...
BERENICE.
Il n'eſt point de peut-eſtre,
Seigneur, s'il en décide, il ſe fait voir mon maiſtre,
Et deuſt-il vous porter à tout ce que je veux,
Je ne l'ay point choiſi pour juge de mes vœux.

SCENE V. ET DERNIERE.
TITE, BERENICE, DOMITIAN,
ALBIN, FLAVIAN, PHILON.

Domitian entre.
TITE.

Allez dire au Sénat, Flavian, qu'il ſe léve,
Quoy qu'il ait commencé, je défens qu'il achéve.
Soit qu'il parle à préſent du Véſuv, ou de moy,
Qu'il ceſſe, & que chacun ſe retire chez ſoy.
Ainſi le veut la Reine, & comme amant fidelle
Je veux qu'il obeïſſe aux loix que je prens d'elle,
Qu'il laiſſe à noſtre amour régler noſtre intereſt.
DOMITIAN.
Il n'eſt plus temps, Seigneur, j'en apporte l'Arreſt.
TITE.
Qu'oſe-t-il m'ordonner?
DOMITIAN.

COMÉDIE HEROIQUE.

DOMITIAN.

Seigneur, il vous conjure
De remplir tout l'espoir d'une flame si pure.
Des services rendus à vous, à tout l'Etat,
C'est le prix qu'à jugé luy devoir le Sénat,
Et pour ne vous prier que pour une Romaine,
D'une commune voix Rome adopte la Reine,
Et le Peuple à grands cris montre sa passion
De voir un plein effet de cette adoption.

TITE.

Madame...

BERENICE.

Permettez, Seigneur, que je prévienne
Ce que peut vostre flame accorder à la mienne.
Graces au juste Ciel, ma gloire en seureté
N'a plus à redouter aucune indignité,
J'éprouve du Sénat l'amour & la justice,
Et n'ay qu'à le vouloir pour estre Impératrice.
Je n'abuseray point d'un surprenant respect
Qui semble un peu bien prompt pour n'estre point
   suspect.
Souvent on se dédit de tant de complaisance,
Non que vous ne puissiez en fixer l'inconstance;
Si nous avons trop veu ses flus & ses reflus
Pour Galba, pour Othon, & pour Vitellius,
Rome dont aujourd'huy vous étes les délices
N'aura jamais pour vous ces insolens caprices;
Mais aussi cet amour qu'a pour vous l'Univers
Ne nous peut garantir des ennemis couverts.
Un million de bras a beau garder un maistre,
Un million de bras ne pare point d'un traistre;
Il n'en faut qu'un pour perdre un Prince aimé de
   tous,
Il n'y faut qu'un brutal qui me haïsse en vous;

G

Aux zéles indiscrets tout paroit légitime,
Et la fausse vertu se fait honneur du crime?
Rome a sauvé ma gloire en me donnant sa voix,
Sauvons-luy vous & moy la gloire de ses loix,
Rendons-luy vous & moy cette reconnoissance
D'en avoir pour vous plaire affoibly la puissance,
De l'avoir immolée à vos plus doux souhaits ;
On nous aime, faisons qu'on nous aime à jamais.
D'autres sur vostre éxéple épouseroient des Reines
Qui n'auroient pas, Seigneur, des ames si Romaines,
Et luy feroient peut-estre avec trop de raison
Haïr vostre mémoire & détester mon nom.
Un refus généreux de tant de déférence
Contre tous ces périls nous met en asseurance.
TITE.
Le Ciel de ces périls sçaura trop nous garder.
BERENICE
Je les voy de trop près pour vous y hazarder.
TITE.
Quand Rome vous appelle à la grädeur suprème...
BERENICE.
Jamais un tendre amour n'expose ce qu'il aime.
TITE.
Mais, Madame, tout céde, & nos vœux éxaucez.
BERENICE
Vostre cœur est à moy, j'y régne, & c'est assez.
TITE.
Malgré les vœux publics refuser d'estre heureuse,
C'est plus craindre qu'aimer.
BERENICE, La crainte est amoureuse,
Ne me renvoyez pas, mais laissez-moy partir,
Ma gloire ne peut croistre & peut se démentir.
Elle passe aujourd'huy celle du plus grand hôme,
Puis qu'enfin je triôphe, & dans Rome, & de Rome,

COMEDIE HEROIQUE.

J'y vois à mes genoux le peuple & le Sénat,
Plus j'y craignois de honte & plus j'y prens d'éclat,
J'y tremblois sous sa haine, & la laisse impuissante,
J'y rentrois éxilée, & j'en sors triomphante.

TITE.
L'amour peut-il se faire une si dure loy ?

BERENICE.
La raison me la fait malgré vous, malgré moy,
Si je vous en croyois, si je voulois m'en croire,
Nous pourrions vivre heureux, mais avec moins de
 Epousez Domitie, il ne m'importe plus   [gloire.
Qui vous enrichissiez d'un si noble refus.
C'est à force d'amour que je m'arrache au vostre,
Et je serois à vous si j'aimois comme une autre.
Adieu, Seigneur, je pars.

TITE.
Ah, Madame, arrêtez.

DOMITIAN.
Est-ce la donc pour moy, l'effet de vos bontez,
Madame, est-ce le prix de vous avoir servie ?
J'asseure vostre gloire, & vous m'ostez la vie !

TITE.
Ne vous alarmez point, quoy que la Reine ait dit,
Domitie est à vous, si j'ay quelque crédit.
 Madame, en ce refus un tel amour éclate [grate,
Que j'aurois pour vous l'ame au dernier point in-
Et mériterois mal ce qu'on a fait pour moy,
Si je portois ailleurs la main que je vous doy.
Tout est à vous. L'Amour, l'honneur, Rome l'or-
Un si noble refus n'enrichira personne,   [donne.
J'en jure par l'espoir qui nous fut le plus doux,
Tout est à vous. Madame, & ne sera qu'à vous,
Et ce que mon amour doit à l'excès du vostre
Ne deviendra jamais le partage d'une autre.

BERENICE.
Le mien vous auroit fait déja ces beaux sermens,
S'il n'eust craint d'inspirer de pareils sentimens ;
Vous vous devez des fils, & des Césars à Rome,
Qui fassent à jamais revivre un si grand homme.

TITE.
[moins,
Pour revivre en des fils nous n'en mourons pas
Et vous mettez ma gloire au dessus de ces soins.
Du Levant au Couchant, du More jusqu'au Scythe
Les Peuples vanteront & Bérénice & Tite,
Et l'histoire à l'envy forcera l'avenir
D'en garder à jamais l'illustre souvenir.
Prince, après mon trépas soyez seur de l'Empire,
Prenez-y part en frére attendant que j'expire,
Allons voir Domitie, & la fléchir pour vous. [doux,
Le prémier rang dans Rome est pour elle assez
Et je vay luy jurer, qu'à moins que je périsse,
Elle seule y tiendra celuy d'Impératrice.
Est-ce là vous l'oster ?

DOMITIAN.
Ah, c'en est trop Seigneur,

TITE à *Bérenice*.
Daignez contribüer à faire son bon-heur,
Madame, & nous aider à mettre de cette ame
Toute l'ambition d'accord avec sa flame.

BERENICE.
Allons, Seigneur, ma gloire en croistra de moitié,
Si je puis remporter chez-moy son amitié.

TITE.
Ainsi pour mon Hymen la feste préparée
Vous rendra cette foy qu'on vous avoit jurée ;
Prince, & ce jour pour vous si noir, si rigoureux,
N'aura d'éclat icy que pour vous rendre heureux.

FIN.

www.ingramcontent.com/pod-product-compliance
Lightning Source LLC
LaVergne TN
LVHW020945090426
835512LV00009B/1719